ちくま新書

反福祉論

——新時代のセーフティーネットを求めて

金菱 清
Kanebishi Kiyoshi
大澤史伸
Osawa Shinobu

1090

反福祉論——新時代のセーフティーネットを求めて【目次】

執筆分担

金菱＝第1章／第3章／第7章／はじめに／Ⅰ・Ⅱ　プロローグ／おわりに

大澤＝第2章／第4章〜第6章

はじめに――いまなぜ「反福祉論」か

†福祉の落とし穴――救済制度が逆に弱者を生み出す

本書は「反福祉論」と銘打っている。タイトルを見て、「いままで積み上げてきた福祉の歴史を否定するのか？」「これからの日本に福祉不要論を唱えるのか？」とイメージされた方もいるかもしれない。しかし、本書はそのようなものではない。これまで福祉が持っていた意義とその限界を見極めつつ、さらに発展させていきたいというスタンスである。

というのも、福祉の制度には、経済の活性化や政治の考え方によって大きく影響されてきた歴史がある。新たな制度が設けられることによって、支援される対象者が変わり、対象者が決まるとそこに当てはまらない制度から漏れる人びとも現出する。「制度が支援される対象者を規定し、制度の変化によってその対象者やサービスも変わる」という構造を

"当たり前のもの"として受け入れている限り、今後福祉が大きく発展していくことはないだろう。

そこで、既存の考え方や枠組みをすべて取り払い、制度から漏れた人びとが持つパワーや、制度の枠から漏れた人びとを支援している実践に焦点を当てることにしたい。それによって、福祉の対象者と実践を幅広く捉え直し、福祉の新たな方向性を見出すことを本書は第一に狙っている。

福祉には誰しもが陥りやすい「落とし穴」がある。通常、福祉の対象は、高齢者や障害者、生活保護者といった経済的弱者や社会的弱者である。しかしそこには与件としての守るべき対象者がすでに前提として存在する。すると、社会的弱者に対する救済制度が逆に社会的弱者を生み出してしまう側面が少なからず出てくる。これは社会学の分野では「予言の自己成就」として定式化されているものである。

たとえば、白衣性高血圧症というものがある。病院で血圧を測ると普段より血圧が高くなる人がいる。もちろん本当は高血圧症ではないが、ナースが血圧を測ると男性の血圧が高めになってしまう。袖をまくって美人のナースが手を握って血圧を測ると、男性は心臓がドキドキする。じつはこのドキドキを測定器が血圧上昇と「勘違い」して記録してしまうのだ。血圧測定器は本来人間の主観が入らない科学的な装置なのであるが、しかしここで考えておきたいのは、測定するのもされるのも人間だという点である。

予言の自己成就とも言われる「状況の定義」とは、人がある状況を真実であると定義すれば、結果においてもその状況が真実になるという定理である。いわば事実が状況によって作り出されることを物語っている。分かりやすい例で次に示そう。

ソーシャルサービス（社会福祉）を専門としている大熊由紀子さんの『寝たきり老人のいる国いない国』（一九九〇）という本がある。あるヨーロッパの国ではいわゆる「寝たきり老人」がいないという趣旨の本である。彼女がその国を訪ねたとき「寝たきり老人」に当たるお年寄りがいないことに気づく。「寝たきり老人」という言葉が通じないので、「たとえば、脳卒中で半身不随になり、自分でベッドから起きられず、おむつをしていて、寝間着を着て、天井をぼんやり見ているお年寄りのこと……」と尋ねてみると、それに似ている人たちならいると言われる。

その人たちは「介護が必要な年金生活者」と呼ばれていて、あの人たちですと指さされた先を見て大熊さんは驚く。脳卒中の後遺症で身体が不自由にもかかわらず、寝たきりではなく、起きていた。髪は日本で養老院カットと言われるザンギリ頭ではなく、きれいに結っておしゃれをしていた。そのとき大熊さんは、「寝たきり老人」と呼ばれている人びとが、じつは周囲によって「寝かせきり」にされたお年寄りのことであると気づく。

言葉は「魔力」を持つと大熊さんは言うが、この魔力こそが予言の力である。お年寄りを「寝かせきり」にしておいて、その被害者に「寝たきり老人」という失礼なレッテルを貼りつける。その言葉をみんなで言ったり書いたりする。そうすると、「寝たきり老人」は永久に「寝たきり」であり、そうなったのは「やむを得ないことなのだ」というふうに誰もが錯覚していく。

その国では脳卒中で倒れて入院すると同時に、リハビリと退院の計画が立てられるのに対し、日本では「寝たきり」のまま〝廃用性症候群〟に陥っていく、と大熊は言う。人間は長いあいだ寝ていると頭がぼうっとして、起きようとしてもふらふらするため、起きたくなくなる。そして「寝たきり」は一見、本人の意思に沿っているように見える。いったん身体がそのような状態に慣れてしまうと、骨がもろく折れやすくなり、筋肉は硬くなり、床ずれができるといった廃用性症候群に陥り、やがて本当の「寝たきり」になってしまう。まさしく状況が事実を作り出すと言える。

†現実的でない「高福祉」

理論（法律）と実践（現場）には常に乖離（齟齬）がある。フィールドワークから入る私たち研究者は、現実に存在している一個の人間から世界や人びとを見る。そこで接する人びとは、理論（法律）で定義されるもの（たとえば「寝たきり老人」）では必ずしもない。しかし、〝福祉〟という分野が発達してくると、あたかも支援の対象が前もって存在し、そうした人びとを守る制度や法律の拡充を目指し、支援を受けるべき人びととして囲ってしまうという傾向を強く持つことになる。

また近頃、ニートや非正規雇用という言葉を当たり前に聞くようになった。一九八〇年の非正規雇用の割合が一六・四％だったのに対して、三三年後の二〇一三年には三五・五％まで拡大し、実数をとってみても六五五万人から一八八一万人とじつに三倍近くに上っている（総務省『労働力調査』）。とりわけ若者の非正規雇用は深刻で、一五歳から三四歳では四一四万人が非正規雇用の枠で働いているが、そのうち推計で一七〇万人が正社員を希望している状況にある。

もちろん、国はこうした非正規雇用の拡大の現状に対して手をこまねいているのではなく、対策を打っている。たとえば、正規雇用への道を切り開くべく労働契約法の第一八条を二〇一二年に改正し、通常は一年ごとに更新される契約社員を、五年間で無期雇用すなわち正規雇用にしないといけないとした。

ところが労働現場では、労働者を守るこの法律が経営者によって逆に利用されるかたちとなった。大量に非正規雇用を抱えた企業は、正規雇用になって経営を圧迫されては困るとばかりに、五年で契約を打ち切るようになった。いわゆる「派遣切り」の事態が法律の意図せざる結果として生じたのである。その後五年を一〇年に延長する法案修正が検討されている。

若者の非正規雇用が以前にもまして増え、年金制度や医療保険が財政上の理由から限界に近づき、さらに法制度からも見放されつつある中で、これからわたしたちの世界をどのように新しく切り開いていけばよいのだろうか。これまでのような手厚い「高福祉」は、近い将来見込めないことは確実である。その中で社会から弾き飛ばされ、排除される人びとが今後も増える可能性が高いと言える。

どのように希望のある将来を指し示すことができるのか。高福祉が現実的に「臨界点」を迎えているのであれば、できない理想を話すことよりも、福祉の中身そのものの変更が求められていると言えよう。

本書の構成

本書は、まずⅠで、こうした福祉などの公助（公的サービス）が限界を迎える中で、法律的にも社会的にももともと公助が期待できなかった人びとによる自助・共助の具体的な事例を示す。「飛行場」に住まう在日コリアン（第1章）、福祉版「シンドラーのリスト」（第2章）、大津波における「ノアの箱舟」（第3章）、ドヤ街のスピリチュアル・ケア（第4章）を通じて、不法占拠者・生活困窮者・災害被災者・ホームレスそれぞれが、公助がなくても何とか現場で工夫しながら生き、ユニークな取り組みとしてセーフティーネットの仕掛けを自助・共助でもって発達させてきたことを示す。

さらにⅡでは、まず歴史的に古く、世界的ベストセラーである『聖書』を取り上げ、いわばホームレスであるイエスが、「財布を持たず」命懸けで制度に対して抗議したことに注目し、人間の幸せを考える（第5章）。それを受けて、これまで福祉において制度の設計と拡充によって制度化すること自体が目的化し、制度にがんじがらめになっているという現状に対して、筆者らの実体験を踏まえながら反福祉論の立場から議論を展開する（第

6章)。最後に、福祉の制度からの解放を目指しながら「人びとの生きやすさ(=生きられた法)」(第7章)を社会福祉学と社会学のフィールドワークから問うてみたい。この試みによって、新時代にふさわしいセーフティーネットのあり方を切り開いていく。

I

現代の「忘れられた日本人」

――制度外の人びと自身による生活保障

プロローグ

いま日本は、超高齢化・少子化で世界の最先端にある。最先端というと聞こえはいいかもしれないが、それはすなわち「歴史」という時間軸においても、そして「世界」という空間軸においても、誰一人として経験したことのない未知の次元に突入しつつある状況を指す。他方、異次元の世界に向かって対処する国の財政は、すでに収入の二倍の国家予算を組み続けており、破綻寸前の規模である。二〇一四年導入の消費税増税も、当初の福祉に充てる目論見から大きくはずれ、国の借金返済の償還（財政健全化）にも充てられる有様である。現時点においてアップアップの状態であり、福祉へ予算を革新的に振り向ける余裕はこれ以上ないとも言える。

だからこそ、いま福祉の理想を語るよりも、反福祉に注目するほうがいいだろう。私たちには強い味方がいる。歴史的に見て、長らく制度の仕組みにも漏れる当事者がいて、その人たちは法制度に弾かれながらも生き生きと暮らしを立ててきたという「経験」がある。

この経験に学ばない手はない。

もちろん法制度に組み込まれたほうが福利厚生の面で有利であるが、そのニーズを官庁に要求しているあいだに行き倒れになるかもしれない。そのため、常に彼ら彼女らは現場の最先端で工夫せざるをえない。すなわち、結果として福祉の裏側で独自の発展形態をとらざるをえないのである。

したがって、法律から漏れ出た人びとがいるという社会の評価の良し悪しはとりあえず脇に置き、そのような社会的弱者の人びとの創意工夫に、本書は信頼を置いて着目する。といってもこれは何も新しい方法論ではない。

日本を隈なく歩いた宮本常一という民俗学者がいる。彼のよく知られた『忘れられた日本人』という著書がある。その中で生き生きと語られているのは、たとえば日本人はいわゆる戦後教育の中で「民主主義」という多数決の原理を教わったわけであるが、端的に言えば、現場で作動している原理はそれとは大きく異なっているということである。村の寄り合いなどで用いられているのは、全会一致の原則であることなどを、宮本はモノグラフ（記述）で明らかにした。

およそ半世紀前の一九六〇年に書かれた『忘れられた日本人』は、女性・子ども・老人・遍歴民という、「男性」の支配的な多数者の構造の中で埋もれてしまうような少数者を常に意識しながら描かれているところに特徴がある。文字通り日本人と呼称するマジョリティ側やそれに付随する主流の学問から、無意識のうちに「忘れられてしまった」人びとを対象にしているのである。

本書も宮本に倣って詳細なモノグラフを描きながら、行き場を失った人びと（不法占拠者・生活困窮者・災害被災者・ホームレス）が制度や法律に翻弄されながらも地に足をつけ、創意工夫を凝らしながら擬似制度ないしは制度に接してきたことを明らかにする。

第１章
「飛行場」に住まう在日コリアン
——不法占拠者による実践

大阪国際空港近くの中村地区（2001年撮影：国土交通省 大阪航空局）

1　絶対的貧困を支える実践

†即興の音楽

コンチキチーン♪

お店での結婚披露宴のあと、どこからともなく音楽が流れてくる。といってもここには音響機材などはなく、お店の中華鍋が太鼓に、お玉がバチ替わりとなり、アスファルトの駐車場が会場となって、即興の音楽が作られていく。それに合わせて自然に体が動き、みなが思い思いの所作で陽気に踊り出す。さながら〝舞踏会〟のようなものだ。

じつは、このお店や会場も飛行場の「着陸帯」にあると聞くと驚かれるかもしれない。夜中ともなると真っ暗闇の中からサーチライトを照らし、キーンという耳をつんざくような金属音を周囲にまき散らしながら飛行機が離陸していく様には、神経が研ぎすまされ、どこか憂鬱にさせられる。

ところがそこに住む人びとは、いちいち離発着のたびに音を気にしていたら身が持たないのか、会話は離発着のたびに途切れるものの、飛び去るとまるでそのことがなかったかのように自然に続けられていく。こんなに飛行機が間近に迫りながら防音設備などは施されていない。

飛行場の敷地にありながら、この地域を避けるように空港のフェンスが住居との境界に建てられている。そのフェンスも青々とまるでグリーンカーテンの風景を思わせる。フェンスの根元をよく見てみると、キュウリや冬瓜が植えられており、鉄条網とフェンスに隔てられるという非人間的な扱いも、人びとの日常の一部として利用され、彼女たちの「畑」としてうまく溶け込んでいる。

しかし、この地域の人びとは、その昔タクシーの乗車拒否を受けていた。乗り逃げが後を絶たなかったからだ。土埃が舞い、雨が降ればすぐにドロドロにぬかるむ低地に、バラック小屋が無秩序に建てられ、街灯もない暗闇に乗客が一度逃げ込むと土地勘のある人でないと分からないほど入り組んでいた。空港の用地として本来人が住んではいけないところであるため、建築許可はもちろんおりない。そして不法占拠であるために、上下水道やゴミの収集など、そこで暮らしていくための基本的な行政サービスは長らく受けられなかった。

†日本最大規模の「不法占拠」

この不法占拠（中村地区）のもともとの由来は、昭和一〇年代に大阪（伊丹）空港建設に半ば徴用された朝鮮の人たちが、敗戦後、飯場《はんば》と呼ばれる建設現場の宿泊所にそのまま住み着いたのが始まりで、多いときで一〇〇〇人を超える規模の集落が作られていた。あまり知られていないが、日本最大規模の不法占拠地域であった。八割以上が、在日韓国朝鮮人の人たち、いわゆる在日コリアンである。

かつて韓国併合とともに「日本国民」となった在日コリアンは、昭和二二年の外国人登録令（勅令第二〇七〇号）により、外国人として扱われた。昭和二七年にサンフランシスコ講和条約の発効により、日本国籍を失い、外国人登録証への指紋押捺とそれを常に携帯し呈示する義務を押し付けられる。彼女らに、「国民」健康保険への加入が認められるのは、一九六〇年代末になってからのことである。日本国籍を取得していない人びとが公営住宅に入居することができるようになったのは、国際人権規約が批准された昭和五四（一九七九）年のことである。住宅金融公庫における融資も、外国人には門戸が開かれていなかった。在日は政治的にも経済的にも保障されなかった。

民間のほうでも、朝鮮人や在日の人たちにアパートや住居を貸ししぶるという差別的な行為があった。その点、居住のためのアパートを安く提供してくれる在日同胞の存在は貴重であった。国有地であるため地代は存在せず、他と異なり土地を安価に入手することができた。

たとえばある男性は、大阪(伊丹)空港の近くで安い土地があるということを知人から聞きつける。狸や狐が出てきて気味が悪いという噂もあったが、そんなところでもいいから場所を教えてくれということで、直接現地に出向き、不法であるにもかかわらず、一応自分の権利だと言っている人の土地を、ほんのわずかのお金で譲ってもらう。そこから、家財道具一式と柱や古い廃材を担いできて家屋の基礎工事もせず、あたりに落ちているレンガを二、三十枚持ってきたのを床に敷き詰めるかたちで、柱を立てスレートを屋根に据え、風で吹き飛ばされないように河原にある石を載せて夜をあかした。

家を建てている最中にも、周りの人間から「国有地でいつ立ち退きがあるか分からないのにどうするのか」とか「家を建てても売れない」と言われたそうである。しかし、一時住まいでも建てて住まなければ生活は立ちゆかないし、他に行くあてもなかったため、以後半世紀ものあいだ住み続けることになる。

†一〇票の投票権を持つ人

差別に冷遇された人びとは、発想を逆転させてそれを果敢に乗り切ろうとする。周りの人間が変わらないのであれば、自分の考え方を変えることで他を説得するという身の処し方が自然と分かっている。

彼女たちは何もない中で始まったはずであるが、現地のある女性に出会ったとき、彼女は「一〇票の投票（選挙）権を持っている」と話し始めた。私が目を丸くしていると、彼女が化粧品の訪問販売を長年手がけており、その顧客一〇人の票を指していることが分かった。彼女の意中の候補者を特定の顧客にそれとなく伝えると、選挙のあと「お母さんが紹介してくれた人が当選したわよ」と喜んでくれる。普通の人が一票の権利しか持っていないのに対して、一〇人分の票を彼女が持っていることになる。

この話のオチは、日本国籍を持っていない彼女には、選挙権はもちろんないという点である。差別に冷遇されている人たちは、極限に置かれているからこそ、基本的な思想を自分の信ずるところに置くしかない。

しかし、ひとりでは対処できない問題がさまざまに出てくる。すなわち、人が生活をすれば電話が必要だし、生活排水が出れば下水道がいるし、生きていればゴミが出る。ではこのような生活の基盤である行政サービスをどのように獲得してきたのだろうか。

†ウンコ問題

昭和四六年以前には、地区内に居住していたバキュームカーの所有者が自主的に住民から費用を徴収して屎尿《しにょう》を汲み取り、市の清掃局に持ち込んで処分していた。ところが、市の汚物処理能力が限界となり、市は、正式な認可のない闇業者からの屎尿の受け取りを拒否する。その結果、着陸帯にある中村地区では汚物やゴミを排出できない事態に陥った。

市との当初の交渉では「税金を払わない中村地区に行政サービスは行えない」という返答であった。それに対して個人的に納税している住民が「わしら（税金を）払っている者はどうなるのか」と切り返すと、今度は「みんなに払ってもらわなければ具合が悪い」という返答があった。このやりとりの背景には、市という公的機関から見た場合、あくまで地区が公的に存在しない〝幽霊〟コミュニティであるため、国が財産管理の権限を持つ領域であるとして、市側は「不法占拠」地域への関与を固辞したのである。

それでも「当地で住んでいかざるをえない」ことを根拠に住民が陳情を行うと、市側から提案がなされる。それはこの地区に責任主体としての自治会を作り、汚物処理に当たるという方法である。つまり、自治会を組織化してはじめて市は中村地区の住民と関係をとり結ぶことができる。そのとき、行政との交渉役に当たるのが地区の故Fさんであった。毎日Fさんが市役所に出向き、昭和四七年に自治会が承認された。

一方、交渉中も汚物処理の業務は滞り、集落内に排泄物が残留する。すると事情を知らない住民が、「お尻に（排泄物が）つかえそうになるのをどうするんだ」と、連日F家に怒鳴り込んできたという。Fさんの奥さんは、「自分のウンコも処理できないのに、人のウンコのことで朝から晩まで毎日人が来るので、私たちは御飯も食べられない。うちらその日食べていくのが大切だから一所懸命働いて、ここから脱出するほうが早い」とFさんに詰め寄る。だが、彼は「誰かがしなければいつまでも問題は解決できない」と、三カ月のあいだ住民を説得しながら嘆願の署名を集め、自治会として提出した。その結果、行政による屎尿の汲み取り作業が開始されることになる。

†道路の舗装化

汚物処理問題と並行して、道路の舗装化が地域の課題となる。というのも、中村地区の道は、車が通ると砂塵が舞い、雨になると泥を練ったような状態で、子どもたちが通学するのも不憫だった。そこで、市に舗装化を要求したが、市役所では門前払いであったという。それは一言で言えば、「住民が勝手に不法占拠しているところを、市が面倒をみる必要はない」という回答である。また、住民のあいだからも「ムラにアスファルトが敷かれたら、ムラの端から端まで逆立ちして歩いたる」と言われるぐらい、この要求は労力と時間の無駄であると思われていた。

それに対してバカにされたと怒ったFさんは、不法だからできないのではなく、「不法であってもできる」という使命感をもって、道路の舗装を実現するために三年ものあいだ五〇〇日間、市役所に座り込み、議員や職員とお互い往来する中でコミュニケーションを深めた。

また、防犯上必要な街灯を自前で一〇灯ほど設置し、それを自治会として申請し、市側が維持・管理するようになる。これも当初は、市が不法を理由に街灯を敷設できないというのに対して、自ら設置した「既成事実」を示すことで、市がむやみにそれを放置できなくする。市道路課は、「街路灯はたしかにあり、道路課で管理しています。おかしな話ですね。所有者（底地の地権者）の許可を得ないで行っているわけですから。けれども、住んでいる人はそれを必要とし、〝生活権〟の保障もある中で妥協点を見つけざるをえない」という。

つまり、住民による自己準拠的な正しさを軸とした駆け引きの中で、住民と行政内部において公私の境界が揺れ動いているのである。と同時に、公共空間における住民の政治的主体性が行政によって認知されていることが、ここでは重要である。

†空港敷地の公園化

さらに地区に「公園」が作られ、盆踊りや焼き肉パーティーなど地区の行事の際、住民相互の交流の場として機能している。ある住民が地区を出る際に土地の権利を自治会に譲渡したことにより、その土地の利用方法が自治会に任された。自治会の会合で、「地区には広場がなく、子どもも多いので公園を作ろう」という結論になり、遊具設営と公園の見切り工事を市側が請負うかたちで造成された。このように、生活の必要性から汚物処理が認められ、舗装化も認められていく。次は子どものための道路標識、反射鏡、その次は上水道や電話の設置、車庫証明の発行と、個別の要求自体が、次の要求の呼び水となる。

空港を臨む自前の公園

すなわち、「不法占拠」かどうかという法律にもとづく所有権の水準とは別に、生活実践に根ざした人びとの自前の正統性を根拠に、組織化された自治会として、市とのコミュニケーションが図られる。それにより、市は、「視覚化されたコミュニティ」である地区への関与主体となり、住民の政治的主体性と呼応するかたちで生活に基盤を置く公共空間が構築されることになる。

†洗濯石とお地蔵さん

不法占拠地域には、祠《ほこら》を備えた「お地蔵さん」が鎮座していた。経緯は次の通りである。石好きの在日朝鮮人の故Aさんが、四〇年以上前に近隣の社寺から石を拝借してきたのが事の始まりである。その石は当初、地区内の地べたの上に無造作に置かれた状態にあった。隣の市から来ている俗にいう拝み屋さん（先祖供養が専門）がその石を見たところ、由緒正しい石で若いお地蔵さんであると占う。

その後、祠が据えられて立派なお地蔵さんとして祀られることとなった。一時期、夏の地蔵盆の際には、一〇〇灯を超える提灯がぶら下がったという。そこでは、民族的な踊りや歌などで村中が盛り上がる。一見すると日本風に見えるこのお地蔵さんは、人びとにどのように捉えられているのであろうか。地区の人びとの生活実践に即しながらお地蔵さんを捉えてみよう。

在日一世のおばあさんCさん（八〇歳）は、次のように当時の様子を語ってくれた。

（地区が）火事になっても一軒、二軒と違う。火事なったいうたらもう火の海なる。普通の火事と違いますねん。私らも、迷信があるいうたらあるし、ない言うたらないけど。この神さん（お地蔵さん）がね、私らここに、私ら二〇（歳）でここに来て、私ら何にも知らんもんやから、これ神さんの石か、何の石かも知らんと、私ら洗濯するときここ

お地蔵さんの前で踊るおばあさん

で石で叩いてから洗濯しますねん。じゃーっと洗濯粉つけて、棒で叩いてオシメやらも全部洗うたり。そんなんした石が、結局このお地蔵さんの石ですわ。

じつは、あとでこのCさんのお茶飲み友達であるBさんに聞いてみた。Bさんは宮崎出身の日本人で、石を持ってきた故Aさんの妻、CさんはもともとAさんが持っていた飯場で飯炊きをしている旧知の間柄である。すると、洗濯をした石とお地蔵さんの石は違うということを〝こっそり〟と私に教えてくれた。たしかに、お地蔵さんの石は長さにして三〇センチぐらいで、洗濯をするのにはどう見ても不向きなように思える。

しかし、Bさんはこのおばあさんの話を横で幾度となく聞いていて、その内容についてあえて「訂正」するようなことはしないのだという。それは「友達がそのように信じているのだから、そこで（Cさんの言葉を）訂正するのはかわいそうだ」という理由からである。友達であるBさんはこのおばあさんのいったい何を大切にしたのだろうか？　もちろんここでは史実として正しいかということが問題ではない。

お地蔵さんの石と洗濯の石が異なるという「事実」よりも、お地蔵さんの石と洗濯の石が同じである、とおばあさんが考えている「事実」のほうをBさんは大事にしているのである。私たちは、まずはそのようにおばあさんが信じているという事実それ自体をまるごと受け入れることから始めてみたい。そしておばあさんが話す内容には、Bさんが共感し事実を伏せるだけのどのような深い真実があるのかを探ってみる。その内容を追ってから、再びおばあさんの語りの解釈を試みたい。

†「村の大将」に出世した石

最初は地べたにお地蔵さんを置いてましてん。それで子どもがお湯呑みからみな、ま

まごとして遊ぶんよ。今度は一段上げたの、ちょっと高くしてん。それからその石を奉るようになってん。（Bさん）

そう、その石をね。ああ、うちらいつも洗濯したり踏んだり棒で叩いたりしてたのにな、こんだけ「出世」したんやなあ思うていつも涙出とったよ。やっぱり川のあんだけ粗末にした石をね、こんだけちゃあんと村に奉ってね、こんだけしたら人間にしたらそんだけ立ち上がって出世したってことでしょう、いうたら。そういうことを比べて勘案したら涙が出てくる。この石はこんだけ出世すんのにね、私らね貧乏でな、こんな思ったら涙出て。（Cさん）

不思議な自然観をこのおばあさんは持っている。このおばあさんは、お地蔵さんの石が洗濯の石と同じであるだけでなく、自分たちの貧しい暮らしもその石に反映し、一つの石に二重の意味を掛け合わせて語っているのである。お地蔵さんの石と洗濯の石を同じ石として意味を重ね合わせることで、次のような解釈を可能にした。つまり、自分たちが足で踏みつけて粗末にしていた石が、一夜にして一段高いところに置かれて、「立派な」お地蔵さんの石に華麗に変身したのである。そしてこの石を擬人化させれば、大出世したことになる。

そのときに自分たちが置かれている状況と、将来に対する絶望の中でのかすかな期待が、彼女の「事実」としてここでは示されている。つまり、友達のBさんが共感し事実を伏せるだけの真実とは、当時、自分たちが「貧困」で苦労してここまでやってきたという共通の経験そのものを指すと言えよう。

では、こうしてできたお地蔵さんには、果たしてどのような信仰が集まるのだろうか。ただし、このおばあさん（Cさん）にとっては、お地蔵さんの石はもともとただの粗末にしていた石である（と思っている）ことは明らかである。ただ一段高いところに上がった単なる石ではなく、彼女に神様の「特別の石」と思わせるものとはいったい何だったのだろうか。

言うて悪いけどね、お地蔵さんができてから火事にあんまりなれへんかったんです。そやさかい、神さん（お地蔵さん）のおかげやなあと思う人も私だけじゃないと思いますよ。私らほんまにそう思うたもん。あんまり火事になるさかいね。そやからね、神さ

んちょっと火事ならんようにね、見守っててちょうだい言うて、あんなもしたり礼もしたりね。（中略）

そんでもこの石、普通の石違う、こんな石もあんのかな、神さんの石かな思うけども、あのときはまだ若いさかい、どこまで神さん信じていいのか、神さんに手もあげんときやからね。子どももやもん。歳がだんだん行くさかい、自分の子どもが病気にならんと大きなってくれいうので、親の気持ちとして手合わせたりすんのと違いますか。ほんまにこの石祀りはじめ、お祭りしたですねん。そのときはなんや知らんけどうちら悲しい。

この石でね、あほみたいにうちら子どものウンコやら洗うてするときは粗末でしょう。汚いのね、女たちが足洗うたり。そんでしていた石が「村の大将」なって、村の真ん中に家建てて奉っといたらね、ほんまに成功したでしょ、人間としたら。人間としたら金持ちになってね。それなのにうちら貧乏で粗末にしててね。（Cさん）

まず、これまで地区の人びとを苦しめていた火災が、不思議なことにお地蔵さんが村に鎮座するようになってから少なくなったという。この不思議な出来事のからくりは、お地蔵さんの法要にきた拝み屋さんが、「この人が火をつけたのだ」とぴたりと言い当てるか

火事で家屋が焼失した現場（1971年４月26日：国土交通省大阪航空局）

らであるという。

ときには、人びとは貧しさから抜けるために、保険金目当てに自らの家を燃やすようなこともする。だが、家屋が密集し、かつその家々はどれもバラックなど燃えやすい建築材を使用しているため、火災の発生は一軒の問題ではなく、まさしく村全体の問題なのである。このお地蔵さんに関わっている拝み屋さんによる予言を借りるかたちで、人びとの相互監視のようなものが働く。そのことによって、人為的な火災の発生を防いだのではないかと推測される。

†違法・不法を分ける村の秩序

彼女たちは「不法占拠」は生きる権利として当然であると思っているが、そこには人為的な火災は許せない、という違法／不法を分ける明確な区分（秩序）が存在する。それを分けさせるものは、もちろん実定法ではないし、慣習法でもない。人びとの生活基盤そのものを破壊するものは「違法」なものとして断罪され、生活基盤を維持するものは「不法」ではあるけれども地区にいる人びとのあいだでは許される。

ただし、「断罪」されるとはいっても、自分たちと同じく、絶対的貧困の境遇にあるという点では変わりない。したがって、彼女たちにもその気持ち自体は十分「許容」されるべきものである。では、この断罪と許容という相矛盾する心理状態をどのようなかたちで解消するのだろうか。自己・他者関係であるならば、人間関係として禍根やしこりを残す。

そこで登場するのが、自己・他者という二者関係を一気に昇華させる「神様」という第三の存在である。お地蔵さんにかこつけるかたちで、「見守ってくれている」ことになれば、他者をきつく断罪することなく、緩やかなかたちでこのことはやらないほうがよいというように自然なかたちで火災が減り、「村の秩序」が生成されていくのである。

特別な石だから拝むのではない。そうではなく、子どもを病院に行かせるお金がなかったり、電話がない時代に消防車を呼ぶことができずに火災が広がったりした。こういった悲惨なことを彼女たちは経験してきたというその体験こそが、自分が洗っていた粗末な石だと思いつつも、半信半疑ながらも、その石が自分たちにご利益をもたらす「特別な石」だとその人に信じさせてしまうのである。

お地蔵さんは、祭りや信仰という文化的実践として広められていく。夏の地蔵盆の際には、一〇〇灯余りの提灯がぶら下がるわけであるが、このお地蔵さんは、単に宗教的な信仰的意義にとどまらず、字義通り土地を治める意味で使われていく。毎年、地蔵盆の際にはお供え物を自治会も含めて行っており、即興で音楽に合わせて踊りの奉納がなされたりする。

人びとの実践は、結果として、空港敷地であるということや法そのものを打ち消すリアリティとして立ち現れる。したがって、空港の大将ではなく、「村の大将」なのである。これは村の心（神）が深く大地に刻み込まれ突き刺さっていく領域の発生を物語っているのである。

こうした心（神）的メタファー空間は、現実的な空間が政治的にも経済的にも保障されていない絶対的な剥奪状況の中でできあがったものである。お地蔵さんは彼女たちにとってアンビバレント（両義的）な存在なのである。つまり、お地蔵さんは自分たちの帰属する（規範的）集団のものでありつつ、自分たちがこれから所属したいと願っている非所属集団のものでもある。

以前と比べて、「(むかし)段ボールに住んでいたものが、立派な旅館かホテルになったようなものだ」というたとえ方をする人もいる。単なる石ころが立派なお地蔵さんに変化したのと同じように、当初隣の住民と隔てるものがザラ紙一枚で覗けたバラック小屋から木造や鉄筋コンクリートの家々に変わった。そして現在は不法占拠状況が解消され、合法的な移転補償を受け、防音設備の整った市営住宅へと変貌している。

2　公共性の革新

†合法的な土地へ

空港にあるこの地区は、半世紀以上の歴史を持つが、いまだかつて本格的な強制撤去などのいわゆる「強制排除」はなされていない。それどころか二一世紀の幕開けとともに、国は、「不法占拠」を補償するかたちで「合法」化させるという、これまでに国家保障上類例のない決定を下すことになる。

地区に対して国が示した現実的な対応は、金銭的に十分な補償と土地の提供という、これまでの「不法占拠」に対する公共政策からは百八十度転換する内容となっている。すなわち、二〇〇二(平成一四)年五月、日本政府は、以下の四つのドラスティックな手続きをへて、「不法占拠」という不正常な状態を解消することを決定したのである。

まず、地区に所在する建物に対して「移転補償」を行う。そして二つ目に、移転する際に経済的な損失が出た場合の「営業補償」を行う。三つ目には、国有地(対空受信所施設用地)を市に売却するかたちで「移転地」を確保し住民に提供することで、市が集合住宅を建設し住民の集団移転を実現する。最後に、事業者に対して、事業所用地を売却する。このような手続きを踏むことにより、不法な状態は解消される。この決定は、国によって一方的に決められたものではなく、不法占拠者である住民から構成される中村地区自治会と「中村地区整備協議会」が移転補償など環境整備について正式に合意・調印したことにもとづく(詳しくは、金菱清著『生きられた法の社会学』新曜社、二〇〇八)。

ここで、そもそも絶対的に異なる両者の利害関係を止揚する「正しさ」がこの公共政策の決定を支えている、ということになる。そして、その正統性は従来とは異なる「公共性」を作り出しているのではないだろうか。

これまで「不法占拠」を論じる際には、住民側と国側という二つの立場があった。住民側は、たとえ法に抵触していてもそこで暮らしを立てなければならず、居住し続けることを正当化する立場に立つ。他方、国側は国有地が不法に占有されれば、強制的に排除する立場にある。「不法占拠」とは、一方の主体の利益が確保されれば、もう一方の主体の利益が損なわれるトレード・オフの関係にある。このように国と住民両者の立場は真っ向から対立するものであり、その解決をめぐってジレンマを抱えることになる。

†第三のアプローチとしての公共性

ここから少数者の権利の擁護が、いかにして公共的な利益の確保につながっていくのかを問うことができる。言い換えれば、少数者集団の多様性と彼らの生活保障を確保しながら、どのようにして公共秩序が維持されうるのかを、歴史的な移転補償から考えることができる。

彼女ら彼ら少数者集団の現在の文化的な生活を壊さずに、公共性（富の再配分）を確保するためには、より広い視野からのとらえ方が必要となる。彼女ら彼らの文化的な差異の多様性を失わずに、十分な経済的な補償を行うためにはどのような政策的な工夫がありうるのだろうか。

今回の補償は、被生活保護者のような社会的弱者に対する救済策とは異なる水準として、政策担当者は考えていた。市は、先例として京都陶化橋《とうかばし》の不法占拠事例のような見舞金による例外的な解決法を、当初から念頭に置いていなかった。誰も動かないし、もしそうなった場合、両者の溝が深まる結果を予測していた。そこで市が国に切らせたカードは、一般公共事業なみの補償を解決策に盛り込む案である。

さまざまな検討を加えた結果、国は新たに特別な制度を設けなかった。伊丹（大阪国際）空港をはじめ航空機騒音問題の解決策として、昭和四九年以来実施されている「騒音防止法（航空機騒音障害防止法）」をこの「不法占拠」地域に対して適用した。この適用により、不法占拠者は騒音区域に住んでいる人びとが移転する際に補償されるのと全く「同じ」方法で、騒音に対する補償を受けることが可能となった。その移転の対価は、一軒当たり数千万円にも上る。

騒音防止法は、騒音区域での環境問題に対するそれなりの金銭的補償をこれまで可能にしてきた。地区に対して行われた政策は、劣悪な環境から良好な環境に居住することを

「実際上の権利」として促進するものであり、窮民対策とは異なる。

したがって、この騒音防止法をここで「環境正義」と置けば、その意義は、文化的な歴史性を背負っている少数者集団が良好な環境を享受する権利を保障することにあると言える。だが、騒音防止法を中村地区に適用することの意義は、「不法占拠」あるいは「在日」という属性に関係なく、騒音という環境問題の被害者である「すべての人びと」に開かれていることにある。よって、地区の事例は、特別な制度を用いて「少数者（在日）だけ」に見舞金が手渡されるというような、環境被害に対する差別是正（いわゆるアファーマティブ・アクション）とは異なる。

これまで一般的に「不法占拠」は、ネガティブな存在として見なされ、その結果、行政によって排除されるか、もしくは無視されてきた。しかし、「不法占拠」のイメージは、「不法占拠」問題をよりよいかたちで解決しようとするとき、ポジティブなものに変化していく。現地に住んでいる人びとは、「空港建設等によって日本の繁栄を築いてきた人びと」というかたちで独自の文化的歴史性を背負った人びとである、と行政から認知・承認され、「正統性」を帯びることで、行政の中心的な課題となる。

ただし、「不法占拠」や「在日」をポジティブなものとして特別視し、そのような人びとだけに資源が再配分されるような説明の仕方は、逆に一般の人びとからネガティブなフレーム(枠組み)として再強化され、補強されかねない危険性を多分に含んでいる。それは、積極的差別是正策などによる分配の結果、「逆差別」として少数者が批判の対象になった状況と似ている。同じような批判は、地区の移転補償の全体を反故《ほご》にする可能性がある。こうした逆差別的な状況に対して、行政は最大限配慮する必要があった。

†環境正義に根ざした公共性

この地区の事例は、「公共性」概念の革新を私たちに迫っている。環境正義の政策的な工夫は、不法か否かに関わりなく、不法占拠者を良好な環境に居住する権利者として位置づけ直すことに役立つ。まずは「不法占拠」というネガティブなフレームを外し、資源や環境の面で厳しい差別にさらされ、もっとも劣悪な生活環境を強いられている人びとの生活実態に目を向けることができる。

ここでの環境正義の実践は、人びとが構造的に抱えている貧困と尊厳の剝奪という社会的排除に抗するプロジェクトである。なぜなら、ただ単に人種に対する環境配慮を行うだけでは、生活環境が改善されうる反面、生活そのものが立ちゆかなくなったり、文化的ユニットを強調することで逆に差別の構造を再強化することにしかならないからである。一方、地区の事例ではより深い公共性が現場レベルから問われているのである。すなわち、経済的な再配分と文化的な承認を同時に達成していくような正義である。言い換えれば、構造的貧困と尊厳の剝奪という社会的不正義を取りのぞく、「環境正義」に根ざした公共性が今後必要であることを、私たちに開示してくれているのである。

第２章

福祉版「シンドラーのリスト」
——生活困窮者の最後の拠り所

仙台市国見・千代田にある「ひなたぼっこ」

1　福祉サービスを受けられない人たち

私たちは、子どもも、高齢者も、しょうがいのある人も、「だれもが地域で自分らしく」暮らせる地域社会の実現を目指しているNPO法人です。団体運営の支援、講座・セミナーの企画実施、出版、調査研究事業などを中心に活動しています。（特定非営利活動法人全国コミュニティライフサポートセンター〔CLC〕仙台・国見グループ兼調査研究・情報グループ・グループ長　田所英賢氏）

だれもが集《つど》う拠り所――「ひなたぼっこ」はこのような理念を掲げている。「だれもが」というが「言うは易く行うは難し」なのではないだろうか。長らく日本の福祉は、福祉サービス法の制度のもとで、児童、障害（身体、知的、精神）、老人、母子および寡婦といったように、対象者別・領域別に縦割り行政による支援が行われてきた。そのほうが対象もはっきりしていて支援もしやすいという考え方もある。

だが一方で、支援する対象者・領域というものは、必ずしも児童、障害、老人、母子および寡婦という特定の対象者や領域別の問題を抱えているわけではなく、多種多様な問題を抱えている。すると、支援する窓口も複雑になるなどの縦割り行政の弊害により、支援をする上で困難が生じる場合がある。困窮している人びとを救えるリストはあるのだが、それらはかなり限定したかたちで運営されているという実態がある。

そこで、最後の拠り所となる「シンドラーのリスト」が必要となる。ここでは、現在の社会福祉の現場が抱えている制度では救うことが困難な人びとの支援を中心に行っている、宮城県仙台市青葉区国見・千代田にある「ひなたぼっこ」の活動事例を紹介する。「ひなたぼっこ」は、宮城県仙台市にある特定非営利活動法人である全国コミュニティライフサポートセンターが運営主体となって、二〇〇九年に宮城県仙台市に開設された。実際にここに集い利用しているのはどのような人びとなのかを見てみよう。

†「ひなたぼっこ」を利用する人びとの多様なプロフィール

①Aさん（八〇代女性）

失火による自宅全焼により生活の場を失う。受け入れ先がないため、「ひなたぼっこ」

を利用する。支援としては、民生委員の協力により、市役所に介護保険の申請や年金手帳等の再発行の手続きを行う。また、失火により全焼した家には帰らずに、その土地を売ることによって生活の再建を目指す方向で動く。

しかし、脳内出血で倒れ、入院をしてしまう。リハビリを含めて二カ月かかる。退院に当たり親族や本人の思いもあり、福祉施設の入所ではなくて、これまで通り「ひなたぼっこ」での生活を希望する。これ以降、「ひなたぼっこ」において、スタッフが二四時間体制で介護を行っている。また、成年後見を甥がしている。【「ひなたぼっこ」の利用期間四年。要支援1⇒退院後、要介護5】

②Bさん（二〇代女性と幼児）

福島県で原発事故に遭遇。自宅は損傷しなかったが、報道等の情報で、幼い子どもへの放射能の影響を心配して、関東地方へ自主避難した。その後、仙台市内の避難所に一泊するも馴染めず、「ひなたぼっこ」を利用することになる。Bさんは調理師免許を持っていたので、「ひなたぼっこ」で利用者やスタッフ、訪問者の食事作りに大活躍をする。福島県内の公団住宅に当選し入居する。【「ひなたぼっこ」の利用期間一カ月。母子家庭】

「ひなたぼっこ」の内部

③Cさん（八〇代女性）

入所していた福祉施設に馴染めず、認知症が悪化する。徘徊するようになり、警察に保護される。その際、現在の入所施設の名前が言えず、福祉施設入所前に一時利用していた「ひなたぼっこ」の名前を出したために、「ひなたぼっこ」に警察から連絡が入る。後見役の姪の希望により、その後、「ひなたぼっこ」を再び宿泊利用するようになる。滞在後、徐々に、認知症の症状が軽減され、生活も規則正しく送ることができるようになった。その後、グループホームへの入所が決定し、移る。【「ひなたぼっこ」の利用期間一年。認知症】

④Dさん（一〇代男性）

近所の犬の鳴き声により落ち着きをなくし、大声をあげたり、自宅のガラスを割るなどの行為が見られたため、家族が、生活環境を変えて落ち着きを取り戻させるために、自宅の防音対策などを行うことを想定し、「ひなたぼっこ」を利用する。滞在中に検査入院や障害者福祉関係の相談機関等の利用をスタッフは予定していたが、家族の同意が得られず、結局、利用はしなかった。

本人の希望により「ひなたぼっこ」に一泊後自宅に帰るが、その日のうちに「ひなたぼっこ」に戻る。日中は自宅で過ごし、夜間は「ひなたぼっこ」を利用するという生活が続くが、その後、気持ちも落ち着き、自宅に戻りたいとの本人の希望により利用を終了した。

【「ひなたぼっこ」利用期間一二日。精神的なケア】

⑤Eさん（七〇代女性）

路上生活をしていたが、本人が体調不良にて区役所保護課の窓口へ駆け込む。診療により、ガン末期であることが判明する（ただし、本人に知的障害が認められたため、医師の助言により、本人に告知は行われなかった）。既存の制約の多い施設での生活ではなく、自由に生活をしたいという本人の希望により、区役所保護課から「ひなたぼっこ」の紹介を受ける。しかし、本人はそのまま路上生活に戻ってしまう。

その後、再び体調が悪化し、今度は本人から「ひなたぼっこ」への利用を希望。しかし、足の指が凍傷壊死していたことから、「ひなたぼっこ」に一泊後は病院に入院となる。その後、退院をし、「ひなたぼっこ」に戻る。

現在、訪問看護・訪問介護・訪問入浴等と連携をすることで、「ひなたぼっこ」でターミナルケアを行っている。【「ひなたぼっこ」利用期間四〇日。路上生活、知的障害、ターミナル】

⑥Fさん（八〇代女性）

自宅にて腰痛を起こし、一時的に在宅生活が困難になり、地域包括支援センターから「ひなたぼっこ」を紹介される。「ひなたぼっこ」では、在宅生活継続か、福祉施設入所の両方の可能性を検討する。健康状態も回復をしたために自宅に戻る。その後、「ひなたぼっこ」の配食サービスを利用しながら、在宅生活を継続している。【「ひなたぼっこ」利用

期間四〇日。要支援2】

⑦Gさん（三〇代男性）

精神保健福祉のグループホームや病院を転々としていた。区役所保護課に保護される。その日のうちに、病院での受診を検討するが、調整がうまくいかず、一時的に「ひなたぼっこ」を利用する。翌日に病院受診、保護課での支援を受けるが、本人は路上生活に戻ってしまう。その後、精神科病院を受診するも入院の必要性はないが、住む場所もないため、「ひなたぼっこ」を利用する。

当初は幻聴などが見られ、本人の精神的な不安も強かったが、徐々に落ち着きを取り戻すようになる。本人の生活を立て直すという意思も見られるようになり、路上生活者等支援ホームへ移動し、救護施設への入所を待っている。【「ひなたぼっこ」利用日数一五日。精神障害・路上生活・生活困難】

以上が、これまで「ひなたぼっこ」を利用している人びとのプロフィールの例である。受け入れ事例・支援目的別で見てみると、図1のようになる。

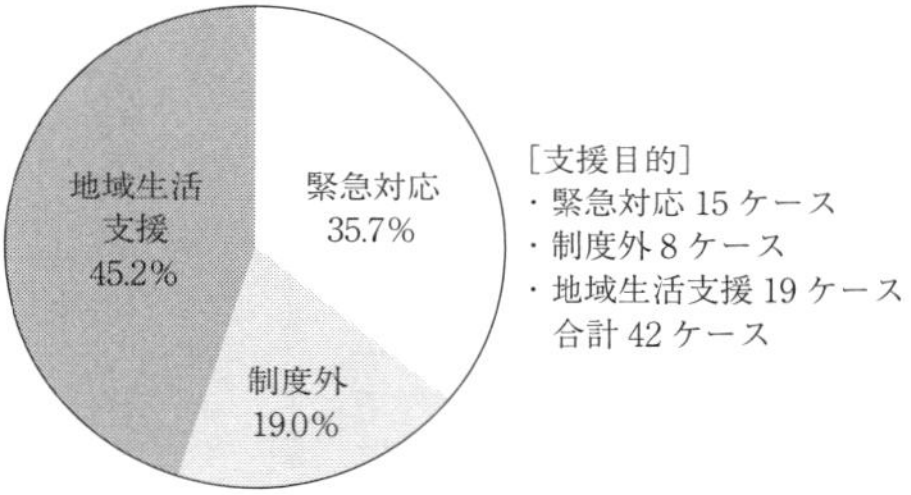

図1　受け入れ事例（支援目的別）
（出典）特定非営利活動法人全国コミュニティライフサポートセンター（CLC）2014年1月23日資料より大澤作成。

そして、支援目的別の内容については、いくつかの事例でも見てきたように、緊急対応では、家族との関係悪化、同居者の急死、住居の喪失などがあり、制度外では、障害グレーゾーンの方、原発事故自主避難、健常者で不都合が発生した場合等を挙げることができる。また、地域生活支援では、主介護者の入院、退院からの日常生活復帰、独居不安等がある。

　このことからも分かるように、「ひなたぼっこ」を利用する人びとの状況というものは、大きく二つに分けることができる。一つ目は、社会福祉の「対象者であっても利用できない場合」である。つまり、その対象者が社会福祉の制度を利用しようとしても何らかの理由により、その制度を利用するためには時間がかかってしまい、日常生活を送る上で支障が出てきてしまう。たとえば、利用したい福祉施設が十分に設置されておらず、すぐには利用できない。

そして、二つ目が、「対象者でないから利用できない場合」である。つまり、その人が障害者手帳を持っていない、介護保険の適用を受けることはできないが日常生活を送る上では困難が生じるなどの、いわば法制度が定めている福祉サービスを受ける上での資格に該当しない、グレーゾーンにいる人びとの存在である。いわゆる、既存の社会福祉制度を十分に活用することができない、制度の枠の外にいる人びとである。

「ひなたぼっこ」では、①福祉サービスの適用をすぐには受けることができない、②福祉サービスの適用を受けることができない、という二つの状況に置かれている人びとに対するサービス事業を三六五日二四時間体制で行い、できる限り受け入れるように活動をしている。

†人びとの交流の場としての地域食堂

「ひなたぼっこ」の具体的な事業内容としては、大きく三つある。一つ目の働きとしては、地域食堂としての働きである。なぜ地域食堂なのか？

地域食堂は、誰もが気軽にふらっと入ることができ、そこに集まっている人びとと自由に交流ができる場であり、その交流を通じて、地域生活を送る上での各方面の情報を得ることができ、また、地域生活を送る上で重要な食事サービスを地域食堂に来ることで、あるいは、宅配弁当をとることで確保できるという働きもある。そして、何か必要があるときには、気兼ねすることなく、すぐに駆け込むことができる緊急窓口的な働きも担っている。

地域食堂は、月曜日から金曜日の正午から二時間ほど開いている。メニューは、主に二種類あり、日替わり定食五〇〇円、カレー三〇〇円となっている。また、昼食時以外にも、「お茶でほっとひと息」という場も設けられていて、気軽に誰でもが入ることができるお茶の間、井戸端としての役割も担っている。ソフトドリンクは、一五〇円から飲むことができ、低料金でゆっくりした時間を毎日、朝の九時から夕方六時まで楽しむことができる。

また、地域食堂以外にも、一食三〇〇円と五〇〇円のお弁当販売・配達や一〇〇円から四〇〇円でお惣菜の販売もしている。配達には見守りの意味もある。そして、毎週金曜日の夕方五時から夜九時までは、居酒屋になる。ドリンク類は各二五〇円から、おつまみ類は各二〇〇円からとなっている。

もともと、この居酒屋事業は、引きこもり男性を外に出そうという「ナイトサロン」の取り組みとして始まったものである。現在では、この居酒屋事業は、地域の民生委員や町内会の人たちの集いの場となっている。

†必要のもとに生み出されるサービス

次に、二番目の働きとして、「ひなたぼっこ」では、地域食堂以外にも各種サービス事業を行っている。まず、託児室として、地域の子どもの一時預かりを一時間一〇〇〇円の託児料で行っている。予約は前日までにすることになっているが、緊急にも応じている。

それ以外にも、キッズルームとして、毎日、朝九時から夕方六時まで利用することができる。利用料は、三時間まで五〇〇円で行い、延長は二〇〇円で六時までなら何時間でも利用可能になる。また、地域食堂利用者については、二〇〇円の割引になる。そして、毎週水曜日の午前一〇時三〇分から一二時までは、参加費三〇〇円で親子サロン「お茶っ子サロン」を利用することができる。

その他にも、「外出サロン」といって、ハイキング等のイベントがあったり、交流・活動の場として、「ひなたぼっこ」にある部屋を一時間一二〇〇円で貸すなどの事業も行っている。この利用可能時間は、毎日午前九時から午後六時までとなっている。また、その他として、麻雀ルーム（利用料一人一日五〇〇円）やマッサージなどもある。

このようなさまざまな各種サービスの働きというものは、はじめからプログラムが用意されていたわけではなく、地域住民の必要（ニーズ）から自然発生的に生まれたものである。したがって、必要がなくなればなくなり、また、必要があれば生まれてくるといった柔軟性が随所で見られる。

つまり、はじめからプログラムがあり、そこに人びとを押し込めるのではなく、人びとに合ったサービスを提供し、一度作ったプログラムも必要がなければ自由にやめて、また、人びとに合ったプログラムというものを作るという、あくまでも地域の住民が必要とするニーズを最優先に考えて各種サービスが提供されているところに大きな特徴がある。

†長期・短期両方に対応した緊急避難場所

「ひなたぼっこ」の三番目の働きとしては、緊急避難先としての機能も果たしている。たとえば、「ひなたぼっこ」では、自宅の火災で緊急避難をし、その後、要介護となった女性が暮らしている。また、他施設でショートステイサービス利用中に発熱した女性の受け入れなども行っている。このように「ひなたぼっこ」には、現在の福祉制度から漏れてしまい行き場がなくなった人たちに対する「住まい」の提供を行うという働きもある。

したがって、「ひなたぼっこ」の冷暖房完備の居室（個室）には、六畳一間にベッド、エアコン付、共同浴場・トイレなどが完備されている。宿泊費は一泊二〇〇〇円で、朝食四〇〇円、昼食五〇〇円、夕食六〇〇円となっている。つまり、一泊三回の食事を頼んだとしても、三五〇〇円という値段で自分の生活の場を確保することができる。また、衣類などの洗濯も一かご三〇〇円でしてもらえるというサービスもあり、光熱費は基本的には取っていない。

緊急避難場所の利用期間は、長い人で四、五年の人もいて、平均で二カ月の利用になっている。利用者の多くが何らかの理由により、生活困窮となってしまった人びとである。すぐに生活保護や福祉施設入所などの何らかの福祉サービスに結びつく場合は、利用期間が短いが、そうでない場合には利用が長期化してしまう。つまり人によってニーズが異なるので、ある枠（制度）を作ってそこに押し込めようとしても利用できなくなることが逆に分かってくる。

2 制度より理念を

†「ひなたぼっこ」のスタッフの働き

「ひなたぼっこ」管理者である高橋正佳氏は、スタッフの役割について次のように言っている。現在、「ひなたぼっこ」には、常勤八名、常勤以外一四名（夜間、食事のみのパートタイム含）のスタッフがいる。スタッフの主な仕事は、「ひなたぼっこ」の事業内容である、①地域食堂、②各種サービス、③緊急避難場所、としての働きがスムーズに行われるようにサポートをすることである。

たとえば、地域食堂としての働きでは、食事作り、お弁当作りがその中心業務である。昼食時には、常時三名が入り、二名が食事を作り、一名が盛り付けを担当することで一日に約一〇〇食前後の食事を用意することになる。また、食事作り以外にも地域食堂での配膳、お弁当の配達などもある。お弁当の配達については、声かけや見守りといった役割もある。また、配達に合わせて日用品や食品のお使いサービスも行っていて、これは一回三〇〇円で行っている。このように、お弁当の配達サービスは地域で一人暮らしをしている高齢者や障害者の人びとの生活を支援するという側面がある。

そして、「緊急避難場所」における職員の働きとして、入居者が快適に過ごすことができるためのすべての業務がある。居室等の清掃はもちろんのこと、入居者の生活相談なども行っている。職員の中には主任児童指導員、ケアマネージャー、介護福祉士、ヘルパー、准看護師、保育士、調理師等の資格を持っている者もいるので、入居者が生活をする上で考えられるあらゆる場面に対応することが可能となっている。また、必要に応じてNPO法人全国コミュニティライフサポートセンター（CLC）の看護師や社会福祉士有資格者の職員が支援を行うなどの体制も整っている。

それ以外にも、「ひなたぼっこ」では、「ひなたぼっこ運営推進委員会」の開催を二カ月に一回行っている。委員は一三名で、連合町内会長、各町内会長、地区社協会長、地区民協会長、主任児童員、地区老人会長、地域包括支援センター、地区内社会福祉法人、地区内児童館、仙台市、となっている。委員の顔ぶれを見ても分かるように、高齢者、障害者、児童問題はもちろんのこと、地域生活を継続して行えなくなった人びとに対する支援を地

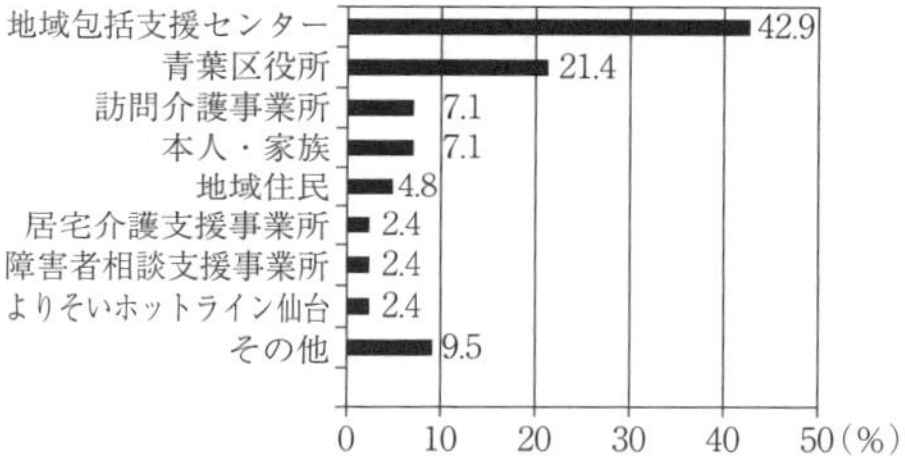

経路	件数
地域包括支援センター	計 18
青葉区役所 (保護課) (障害高齢課)	計 9 5 4
訪問介護事業所	3
本人・家族	3
地域住民(民生委員等含む)	2
居宅介護支援事業所	1
障害者相談支援事業所	1
よりそいホットライン仙台	1
その他	4
合　計	42

図2　受け入れ事例(支援経路別)
(資料)「ひなたぼっこ事例資料」(2013年10月1日付集計)より大澤作成。

域の支え合いと専門機関やサービス事業所などとのネットワーク作りを行うことによって支援をする上で必要不可欠なメンバーがそろっている。

「ひなたぼっこ」の受け入れ事例の支援経路は、図2の通りとなっている。これを見ても分かるように、地域包括支援センターや青葉区役所、訪問介護事業所からの要請で利用者の受け入れを行っていることが多い。このことは、「ひなたぼっこ」では、既存の公的、民間事業所等の福祉制度では対応が困難な事例を受けていると言える。

†コミュニティビジネスの運営

このようなさまざまな事業を展開している「ひなたぼっこ」の運営面はどのようになされているのだろうか。

現在、仙台市委託「企画提案型コミュニティビジネス運営事業」(ふるさと雇用再生特別基金事業)からの資金提供を受けている。仙台市では、緊急雇用対策の一環として、国の「ふるさと雇用再生特別基金事業」を活用し独自に空き店舗活用アンテナショップ運営事業や企画提案型コミュニティビジネス運営事業など四種類に特化して委託事業を実施している。そのうち、「ひなたぼっこ」では、企画提案型コミュニティビジネス運営事業(地域商店街の空き店舗等を活用し、介護・福祉・子育てに関する地域課題の解決を図る事業)として、活動を行っていて、二〇一三年度現在、二〇〇〇万円の委託料が支払われている。

しかし、この委託料だけでは事業を維持していくのが難しい。そのため、「ひなたぼっこ」の食堂や弁当の宅配等の事業で一〇〇〇万円強の売上げと、もともとの活動主体である全国コミュニティライフサポートセンター(NPO法人CLC)より、五〇〇〇万円ほどの活動費が資金提供され、年間合計で約三五〇〇万円の活動費がまかなわれているのが実情である。

「ひなたぼっこ」のサービスは、地域住民の必要から生まれてくるものであるので、常にそのサービス事業というものも増加傾向にある。そのため、さらなる運営費の調達が、今後の事業展開を考える上で必要不可欠だろう。

†宅老所・小規模多機能ホーム

「ひなたぼっこ」の活動主体である全国コミュニティライフサポートセンターでは、一九九九年の創設（二〇〇一年NPO法人化）以来、全国レベルで宅老所・小規模多機能ホームを広げていく活動を行っている。

宅老所とは、一九八〇年代半ばから全国各地で始まった草の根の取り組みであり、民家などを活用し、家庭的な雰囲気の中で、利用者一人一人の生活リズムに合わせた柔軟なケアを行っている小規模な事業所のことである。宅老所のサービス形態はさまざまで、利用者も、高齢者のみのところ、障害者や児童など、支援の必要な人すべてを受け入れるところもある。介護保険法や障害者自立支援法等の指定事業所になっているところもあれば、利用者からの利用料だけで運営しているところ、あるいは両者を組み合わせて運営しているところもある。

小規模多機能ホームとは、宅老所が認知症の高齢者やその家族に対するさまざまな支援をするために、多機能化したサービスを包括的に提供する。一人一人の地域での暮らしを継続させるために、通い（デイサービス）だけではなく、宿泊（ショートステイ）や在宅支援（ホームヘルプ）、住居（グループホーム）などを一体的に提供する取り組みである。

二〇〇六年四月からは介護保険法改正により、「小規模多機能型居宅介護」が新設され、地域密着型サービスとして今後が期待されているが、一方で、この新しい制度の指定を受けずに、従来通り介護保険の指定を受けた通所介護（デイサービス）と自主事業を組み合わせて、小規模多機能ケアに取り組む宅老所も多い（春名、二〇〇八）。

CLCでは従来通り、宅老所・小規模多機能ホームの全国展開を推進する一方で、自身の活動としては、介護保険制度等の公的制度の指定を受けることなく、あくまでもNPO法人として自主事業を展開している。介護保険制度などの公的制度の認可を受けるならば事業費なども国、都道府県、市町村から支払われることになり、経営的にも助かるはずなのだが、なぜそのようなことをしないで、自主事業を行っているのだろうか。そう問いかけると、経営的には苦しくても本来の宅老所の精神にできるだけ立ち返って活動をしたいから、という返答が返ってくる。

†制度の枠では不可能なケア

CLCのミッション（理念）とは何だろうか？　冒頭に述べたように、CLCのミッションは、「高齢者や障害者、子どもなどのほか、日常生活を営む上で何らかの課題を抱えている人を含め、「だれもが地域で自分らしく」暮らし続けることのできる地域社会の実現を目指している」である。つまり、CLCの目指すミッションを実現するためには、公的な支援を受けないほうがいいという考えがあることになる。

これは何を意味するのだろうか。CLCのミッションにあるような「だれもが地域で自分らしく」暮らしていける支援を行うための事業を行う上では、現在の対象者別・縦割り行政による制度の枠の中では自由に支援を行えない、ということである。

なぜなら「ひなたぼっこ」で支援を受けている人は、児童、障害者、老人、母子および寡婦、ホームレス、原発避難者等々、その対象者は多岐にわたっていることからも分かるように、公的な制度の枠の中で支援をする場合には、経済的には公的な援助を受けることができるので経営は安定するが、その組織・団体が目指しているミッションを実現できることとは必ずしもイコールでないからである。

このことは、「ひなたぼっこ」だけではなく、全国の宅老所や小規模多機能ホームにおいても、制度の認可を受けることなく、従来通りのかたちで自主事業を行っているところや、一部公的な認可を受けつつも、他の部分では認可を受けることなく自主事業を展開している併用型のサービス事業を行っている。制度を利用しつつも自分たちのミッション（理念）を貫くために悪戦苦闘している姿を見ることができる。

つまり、二〇〇六年の介護保険法改正による「小規模多機能型居宅介護」という制度化は、必ずしも真の意味で宅老所・小規模多機能ホームの実践の具体化ではなく、その理念が必ずしも十分に生かしきれていないかたちでの制度化であったと言うことができる。そういう意味において、現在の「ひなたぼっこ」の活動というものは、真の宅老所・小規模多機能ホームの姿を目指すという自身のミッションを実現するために、現在の福祉制度の持つ〝怖さ〟に対する戦いであると考えることができる。

第３章

大津波における「ノアの箱舟」
――災害被災者の伝統的行動規範

津波被害を受けた十三浜（佐藤清吾氏撮影）

1　一〇〇人で一歩進む――ワカメ養殖被災と弱者生活権

自分の努力がすぐに反映してくるようなかたちにやらせろと騒いだんだけども、俺は頭から駄目だと言った。いまこういう（船も作業場も家も流されて）地べたを這いつくばっている漁民がほとんどなのに、一部体力のある人間が利益を得て、体力のある声の大きい人だけの意見を聞いて、そのまま通すとたいへんだっちゃ。好きで船を持たないならいいけど、（津波で）持って行かれてなくなったんだから。一人が一〇〇歩進むことを許すわけにはいかないから、一〇〇人で一歩ずつ進むことで（漁協の）中をまとめた。被害を受けずに不満を持つ人もいまはその気になってやってくれている。作業もグループ（共同）でやっている。（二〇一一年一一月二〇日　佐藤清吾石巻市十三浜漁協運営委員長）

†レジリエンス（回復力）の有無

二〇一一年三月に起こったマグニチュード九・〇の東日本大震災は、みなさんの記憶に新しいだろう。同じ頃、二〇一〇年にカリブ海のハイチで起きたマグニチュード七・〇の大地震では無政府状態に陥り、政府による援助が十全に機能せずに各地で暴動や略奪が生じた。死者は三一万六〇〇〇人に及び、二〇〇四年スマトラ沖の大津波の死者二八万人に匹敵するものであった。

佐藤清吾氏

このように、同じ地震といっても、被害やその復興のあり方にはかなり大きな違いが出てくる。この「違い」は震災に対する十全な備えがあるかないかで決まる。とりわけ、自然災害においてその猛威やリスクを低減できるかどうかは当該社会がレジリエンスを有しているかどうかに大きく左右される。

レジリエンスとは、直訳すれば回復力・抵抗力である。人間の体にたとえると、同じウイルスであってもインフルエンザにかかる人とかからない人がいる。その差は、抵抗力があるかどうかということが一つのキーとなる。レジリエンスがある人は、インフルエンザに罹ったとしても健康への回復はない人に比べれば早いということになる。

災害時におけるレジリエンスの向上とは、困難な危機に直面してその状況に適応しながら、一方でいざというときに備えて危機を許容する幅を拡げておくことにある。壊滅的な状況の中で見逃されがちな、地域内部に蓄積された問題解決能力をレジリエンスという言葉は射程に収めている（浦野、二〇〇七）。

今回の震災でとりわけ津波の被害が甚大であった現場で見えてきたレジリエンスの方向性は、大きく二つある。一つは、被害の大きかった場所から撤退したり、津波によるダメージや物理的損失を未然に防いだりすることで日常生活に支障をきたさない状況を目指す方向性である。もう一つは、生活を共にするコミュニティの維持・継続を目指した先に、被災後も派生してくる複合的な災害リスクが包括的に低減される状況を目指す方向性である。

災害は、とりわけ人間の存在を生命の危機とその後の生活の困窮に追い込む。いわば、それまで優しく包んでいた文明という衣を剝ぎとって生身の動物的な存在にする非常に厄介な問題である。それに対して国などの図体の大きな行政機関では行き届かない面が当然出てくるし、むしろ平時のシステムで機能させようとするので小回りが利かない側面を少なからず含んでいる。

津波一つとっても、自衛隊が重機などを用いて夥しい瓦礫で埋まっている箇所を片づけ緊急物資の道を作ったと言われている。しかし、瓦礫で埋まってどこが道路か住宅か何も分からなくなったところを自衛隊が知っているわけではない。消防団など地元の人びとが工事現場の重機などを使って道を切り開いたのである。これを啓開《けいかい》と呼ぶが、十全に機能していたためにいち早く避難道を確保し物資を避難民に届けることができたのである。

さらに避難物資が届かない離島や三陸沿岸では、事前に物資の蓄えがあったし、浜の漁師たちは、大きな冷蔵庫を所有していて、そこに魚介類が保存されていて、避難所の中には、毎日鯛やアワビ、魚介類の詰まった味噌汁が振る舞われたところも数多くあった。農家なども自家発電機や食料の蓄えがあり、当面の緊急事態に対して対処できる仕組みになっている。阪神・淡路大震災の際も今回の東日本大震災の際も後背地に山があり、湧水などで上水道を代替させることができた。しかし、大阪や東京など平野に巨大な都市を抱えている地域において緊急時に湧水を使えない場合は、飲料水の確保が課題となってくる。

†第二の津波――水産業復興特区構想

時として、自然災害だけでなく、その後やってくる復興政策は、「第二の津波」（金菱、二〇一四）として人びとに襲い掛かることがある。第一の津波を物理的な自然災害としての津波とすれば、第二の津波とは、第一の津波のあとやってくる強圧的な行政施策や、さまよえる死の受け止め方など、次々に被災者を襲ってはなかなか離れてくれない心身の苦痛を伴う耐え難い経験を指す。

典型的な例としては、宮城県の村井嘉浩知事による「水産業復興特区」構想のケースがそれに当たる。震災間もない頃に突如として特区構想が提唱された。それまで漁協が優先順位のトップだった漁業権を、民間企業にも同等に分け与える政策である。災禍で苦しんでいる漁民を助けるのではなく、早期復興を妨げる愚策として逆に一斉に批判を浴びた。

このような企業を例外的に特区として参入させることで産業を活性化させる手法は、漁民から「ドサクサ紛れ」と評される。ドサクサ紛れの現象は災害時の特異なあり方ではなく、典型的な姿だと説くのが、ショック・ドクトリンという考え方である。

カナダのジャーナリストのナオミ・クラインは、テロ、戦争、ハリケーンや津波などの壊滅的な自然災害のショックの直後、災害処理をまたとない市場チャンスと捉え、公共領域に正当性をもって参入する行為を、「惨事便乗型資本主義」（ナオミ、二〇一一）と名付けている。この災害型資本主義を推進する新自由主義者は、災害や惨事を一過性のものと捉えるのではなく、あたかも大災害に備えて缶詰や飲料水を用意するかのように、非常時に備えて自由市場構想をあらかじめ準備する。

そして、それを大災害の直後に迅速に行動をとることで、政治的に不可能だったことを政治的に不可欠になるまで高めるのである。シカゴ学派の経済学者であるミルトン・フリードマンは、意表を突いた経済転換を急進的かつ広範囲に敢行すれば、人びとの変化への適応もスムーズに移行できうると予測した。自由市場主義の徹底化を惨事という非常事態に一気呵成に推し進める荒療治を「ショック・ドクトリン」と呼称し、民主主義的手続きを経ずに自由市場を開放できる惨事を、自由放任資本主義の完結にとって「不可欠な要素」とする。

津波を例に挙げれば、自然の途方もない脅威により集団的ショックが生じた時期に、前もって用意していた計画を、復興やリスクへの処方箋としてバッファーゾーン（緩衝地帯）を設け、一部の観光産業になかなか進まなかった漁民の土地の明け渡しを合法的に行うことができる。

漁業権の特区構想は、漁民の古来からある海に対する権利を開放するという、ショック・ドクトリンの典型的な事例であると言える。その意味では、当初から漁業の民間開放を強く念頭に置いていた知事にとって漁民の精神的「空白」と漁場の「空白」が生じる大震災は、知事のパフォーマティヴな遂行能力と手腕が試されるまたとない機会であった。

しかしながら、東日本大震災の個別の事象を見てみると、一部の実行を除いていずれも計画倒れに終わっており、様子見として二年ものあいだ特区の導入を見送っていた。すなわち、ショック・ドクトリンを模した復興政策はマスコミ的には華やかな復興への経済政策であったにもかかわらず、遂行されないどころか当事者からは看過されている状態にあると言える。

だからといってショック・ドクトリンと無関係であるかと言えばそうではなく、じつはこうしたショック・ドクトリンの圧力に対して、コミュニティの意向を無視して復興政策を遂行することは実質的に困難であることを指摘できる。逆に言えばそれだけコミュニティは、ショック・ドクトリンの「防波堤」として有効に機能しているとも言える。

ただし、これだけの災禍にあって、元のままの復興ということではなく、足元の懸案となっている地域コミュニティや漁業における当事者が抱える構造的な問題について徹底的にみなで民主的に議論し、それを身の丈に合ったかたちで改善するという、いわば「内なるショック・ドクトリン」とでも呼ぶべき創造的破壊が現場で推し進められている。それが結果として、外なるショック・ドクトリンを自らのコミュニティに引き寄せないことにつながっている場合もある。

†壊滅的被害の中での養殖再開

大津波によって宮城県石巻市北上町十三浜では、家屋が全壊し、船舶も九〇％が流失や沈没あるいは破損した。当初、地域住民の喪失感は、先祖伝来の土地を捨てるのに何の躊躇もないほど深刻なものであった。それでも地場産品のブランドとして確立してきたワカメ中心に養殖を再開する。

十三浜は、主にワカメの養殖業を主体とする基幹産業によって成り立っていた地域である。基幹産業であるということは事業の後継者が育ち、そこでの暮らしが成り立つことを意味している。震災前には堅実な現金収入の確保があり、漁協全体では共販（共同での販売）で三億円、自販（自主ルートでの販売）で一億円以上の収益をあげていた。養殖ワカメの販売額として県内トップの実績である。旧北上町は昭和五〇年代には県内で出稼ぎ者数が一番多く、この地域で生活していくことはたいへん厳しかった。

家族が離れ離れになる出稼ぎを解消するために当時の青年団が中心となりワカメ養殖を試行し、ホタテやコンブの養殖を組み合わせてリスク分散しつつ、周年漁業（一年を通じて漁業に従事すること）を確立させてきた。さらに昭和五〇年代に盛んだった養殖の「銀ザケ」についても、餌で海を汚しワカメなどの品質が落ちるという理由から地域としてやらないことを選択してきた。こうした養殖の技術革新に加えて、互いに競い合うことで品質を向上させてきたのである。これが三陸ワカメひいては「十三浜のワカメ」というブランドを作り上げてきた。

この養殖ブランドが確立するまでの過程には、個々の養殖業者による技術革新を伴っていた。垂下式から水平式と言われる養殖技術への転換である。この技法は海水面に近づけることによって光合成を促進させ、刈れる量は目減りするがワカメの品質を向上させる意味があり、ワカメの下でコンブを養殖できることを可能にした。養殖導入当時は乾燥ワカメとして出荷していたが、他地域と差別化するためにボイルワカメと呼ばれる「湯通し塩蔵ワカメ」に地域としていち早く取り組んでいる。ボイルワカメへの切り替えは、栄養素の保存・触感・風味それから美しい緑色のワカメを嗜好する消費者のニーズに応えるものである。

さらにワカメ養殖の元になる種苗は、現在三種類、鳴門・塩釜・岩手産のものがあり、鳴門や塩釜の種苗は早種で早く収穫でき、収量はあがるが品質上見劣りする。それに対して、岩手産の種苗は、葉肉が厚く品質的にも良いものであるが、鳴門のものと比べると収穫時期が遅れ、ちょうど十三浜に流れ込む新北上川の融雪洪水時期に当たってしまう。早種を多く用いればいいのであるが、浜ごと・漁家間で「あちらの家よりは良いものを」「（等級の）落ちたものは出せない」と品質を問う競争心が地域の中で働く。結果、さまざまなリスク分散はするけれども、そのリスクを超えて岩手産の種苗を用いた良い製品を出す覚悟を引き受けてきた。

†新・弱者生活権としてのグループ協業化

自然とのリスクに向き合いながら漁業を成立させてきた十三浜で、震災後に真っ先に復興・普及のために取り組んだ養殖の種目はワカメ養殖であった。ところが、十三浜では、浜ごとに被害が異なり、一部の浜では家も船も無傷に近いところがあった。その漁協員から漁協に対して、養殖の協業化は、被害がなかった組合員はいままで通り（平時）の単独操業でいいのではないかという疑問が提示された。家族経営的な養殖業のあり方からいって、自分たちにも生活があり、それを守ろうとすることは当然のように思われる。そして津波に生活の糧を突然奪われ何もかもなくした人たちは、単独操業や個人の持ち分（船など）に対して何の発言権もない。

このような平時の原則に対して、組合が下したのは、運営委員長の冒頭の発言にあるように、それを拒否し、「一人が一〇〇歩進むことを許すわけにはいかないから、一〇〇人で一歩ずつ進む」選択だった。すなわちグループ協業化を選び意見をとりまとめたのだ。船も作業場も家も流されて、絶望的に困窮している漁民がほとんどなのに、一部経済的に力のある人間が利益をさらに得て、その人だけの意見を聞いて、そのまま通すとたいへんであるという判断からである。

従来、コモンズ論で議論されてきた「弱者生活権」は、誰のものでもない総有の一部である共有地に対して優先的にアクセスして資源を得る権利を、所得のより少ない一部の生活弱者（貧困者）が保有するというものであった（鳥越、一九九七）。ところが大震災という「非常時」に見えてきた漁村の対応とそのあり方は、弱者に対する働きかけにとどまることなく、強者を含むすべてのコミュニティの成員に対して平準化を求めるものである。それは単に弱者が総有の一部である共有地に対して、優先的にアクセス可能であることに限定されない。

たとえ経済的余力のある人が収入を減じたとしても、全体としての考えからすれば総有地の各成員に対する完全平準化によって、地域から脱落者を一人も出さないという方策である。とりわけ生活弱者が地域コミュニティの大部分に及ぶ場合にも有効であることを示している。家族も財産も仕事もなくなった人びとにとって、明日からもこの地で暮らすことができるかどうかという将来に対する見通しは、経済的な支援だけでなく人びとの精神的な支柱ともなるのである。

仮に水産特区により会社組織の中に漁民が組み込まれ、一定の給与を支払われ、単なる労務提供者ということになれば、製品向上や品質にかける彼らの熱意は殺がれることになりかねない。海の豊かな資源を民間企業にも公平分配するという単純な議論は、地域の現状や歴史にそぐわないだろう。もとより、三陸の漁村は地先漁業権によって支えられてきており、漁協メンバーが排他的に魚介を採捕し、養殖など海水面を利用する権利は、厳しい自然条件で漁家が暮らしていくためのもっとも重要なものである。

それにとどまらず、十三浜の例のような漁村の論理は、弱者生活権としての生活保障の機能を持ちうる。この機能は一時的で限定されたものであるが、ある普遍性を持つことになる。環境社会学者の古川彰によると、滋賀県の琵琶湖畔の村では、洪水の際、村全員を漁業者と見立てる「貧民漁業制」という権利を適用したことを見出している（古川、二〇〇四）。こうした事例も含めて考えると、漁村には「収穫したものは個人のもの」である一家総取り制という平時の論理と、災禍の際の「収穫したものはみんなのもの」である全漁民均等割り制という論理が共存し、両者を使い分けることでその土地で暮らしていくことを可能にしてきたのである。こうした相互転換が、未曾有の災害を柔軟にコントロールしてきたのである。

この点は、「水産業復興特区」における富める人や地域を生み出してそれに漸次追随させすくいあげる政策とは根本的に異なる。前者の全漁民均等割り制の論理は、一人たりとも困窮者を出さないという福祉対策を含めた経済政策なのである。

災害時には時として国は被災民の暮らしを破壊する可能性があることを見てきたが、自力再建についてもう一つのあり方を見ておこう。

2　海というアジールと「沖出し」

†津波常襲地における「沖出し」

気仙沼市唐桑町でワカメとホタテ養殖を営んでいる小濱康弘氏は、港では翌日のワカメの収穫へ向けて刈り取りに使用する資材を港に下ろす作業を終え、高台にある自宅で休息していた。東日本大震災の凄まじい揺れが来た瞬間、家と家族の安否を確認した後すぐに船を沖に出すことを考えた。船を繋留している漁港に車を走らせると、かっぱを着用し養殖船に乗り、沖合に出る。沖に出ようとしたとき、引き波が来ていたので、タコメーターが振り切れるほどにスピードを出し、いままで聞いたこともないようなエンジン音が聞こえる。それから約五分後に沖に到着した波にのまれずに助かった。必死になって、沖に出た先は、何もなかったかのように静かで、浜のほうを振り返るといままで見たこともない大波が自分の漁港を飲み込んでいったという（二〇一二年一一月二〇日、小濱康弘へのインタビューより）。
漁師が地震の際、津波の襲来に備えて、オカ（陸）に逃げるのではなく、津波の中心すなわち沖に向かって出航する行動は、「沖出し」と呼ばれている。なぜ安全な陸ではなくあえて危険とも思える海（沖合）に向かうのだろうか。

宮城県沿岸の北端に位置する気仙沼市唐桑《からくわ》地域では、震災翌年の春にはワカメの出荷を迎えていた。唐桑の養殖ワカメは震災前年度つまり普通の年の一・五倍の伸びを示していた。すなわち普段よりも多い水揚げ高を記録していたのである。震災前の三〇～四〇％の復旧の進捗度であることが報道などで言われ、水産業の復興は道半ばというイメージがある中で、震災前年度比で一五〇％もの水揚げ高の伸びは、何を意味するのだろうか。

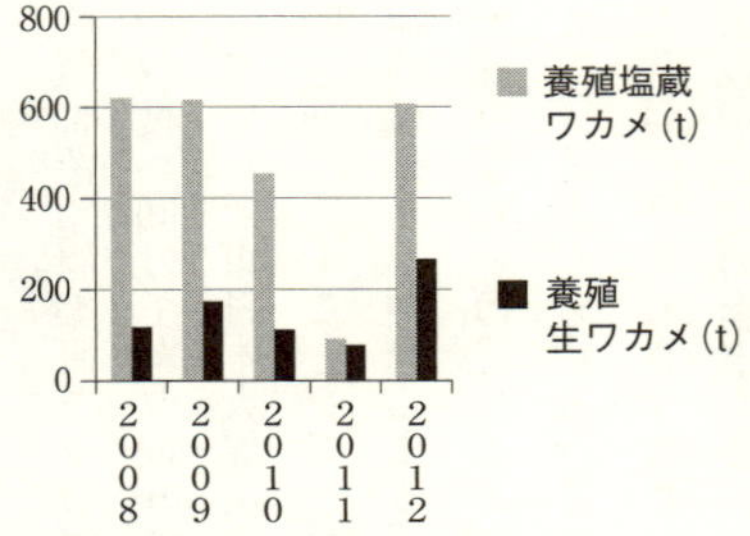

唐桑の養殖ワカメ水揚げ高の推移

まず、震災以降各浜において復旧で取り組んだ養殖の品目は、家屋や当面の生活資金を確保するために、ロープ一本で半年で生長するワカメ養殖に絞っている。ホタテやカキ・ノリなどは地盤沈下した陸地での処理施設の建設や養殖期間に相当の時間を要するからである。しかしながら、他の地域に比べても前年度比ベースでいっても異常な数値の伸びを記録している。この背景には、促成栽培としてのワカメ養殖の他に、沖出し文化という三陸特有の文化がある。

沖出しは、沖合の水深五〇メートルの位置に行くことである。これができれば、津波の被害を受けないと言われている。そのため、三陸沿岸を中心とした津波常襲地帯では、地震が起こると沖出しを行う慣習がある。もちろん、沖出しはたいへん危険な行為と考えられており、漁協でも自制を強く促す指導を行っている。水産庁は漁民の命を守ることを最優先に、ガイドラインで禁止している。

しかし、度重なる三陸の津波の来襲の中で一回限りの判断ではなく、先の漁民の行動に表れているように漁民の文化（＝身体化）となっている。その後の余震の津波警報の際でも、同様の行動が見られた。沖出しという行為は、死ぬかもしれないという自己犠牲的な行為ではなく、命を含めて家族や漁師の第二の命である船を守りぬく自己防衛的な行為である。

沖出しが危険な行為であると言われているのは、津波の有無の所在が、漁師によって科学的にではなく、経験のみによって判断され、沖出しが行われているからということが挙げられる。事実、唐桑の養殖漁業者の大半が沖出しを成功させたことで、養殖船の八〜九割の船が残ったのである。

一方で、内湾に面し安全な沖合までの距離が遠い南三陸町の志津川支所の船の総数は、震災前の三月時点で一〇七五艘だったがほとんどが破損流失し、わずか五五艘のみ残ったこととは対照的である。「がんばる養殖復興事業」等の国の政策による支援はあるものの、震災から二年を経過した時点でも新造船の注文の殺到で一五一艘（四六〇艘要望の約三分の一）の船が届いていない現状であった。その間漁業以外の職の選択ということになる。生活を再建する上で船の流失および新造船発注の遅延は大きな足かせとなっているのである。

†海というアジール

ただし、漁師にとって沖出しは、単に生命を守るためにのみ行う行為ではない。それだけのためであれば、高台に上がって津波から身を守れば済む話である。磯にいてそのまま沖出しするのであれば理解できるが、地震直後はオカ（陸）にいて、その後、船に乗り津波の方角に突き進んでいく行為は、一般的に常軌を逸するように考えられる。だが、生命を守る他に漁師にとって船の位置づけは多くの習俗や禁忌などを持ち特別なものである。

漁師も「(沖出しをして)船が残っていたから復興が早まった」と口々に言い、現在も養殖や漁業においては個人で漁を行っている。持ち分の漁場を自分の漁船で自らのペースで作業を進めていくことができるのは、漁師にとって明日への希望になっている。そういった背景から行う沖出しとは、船(自分)を生かすとともに、家族を養っていくことであり、いつもと同じような生活をしていきたいという欲求を満たす行為である。沖出しが、震災後の復興に向けてかなり優位に働くことは揺るぎのない事実であることが分かる。

言い方を換えれば、沖は漁民にとっての自由と生活を保障する海の「アジール(避難場所)」(網野、一九九六)である。だからといって特別な場所ではなく、磯が普段養殖などの稼ぐための地先だとすれば、沖は、六〜七月といった比較的時間に余裕がある際にマンボウなど自家消費用としての魚を獲る場所でもある。したがって、未知の場所ではなく、慣れ親しんだ既知の場所でもある。そしていざという緊急避難の場所として沖合が位置づけられている。

オカの高台に逃げることは、命を助けることはできるが、その後の生活を考えた場合、生活の糧を長期にわたり失うことになるため不利に働く。沖へ避難することは、命を守ることと同時に生産手段の確保、この両方を同時に保障することになる。それは言い方を換えれば、行政の支援に頼ることなく、漁民自らが生産手段の確保というかたちで震災後の復興での自力救済を果たしていると言える。

†災害時、日常に回帰するための仕掛け

津波常襲地帯である気仙沼市唐桑町では、今回の大津波の震災後百箇日に御施餓鬼供養とハマ祓いという宗教的儀礼が執り行われている。主にカツオ漁や遠洋マグロ漁業などの船舶に深く関わってきた唐桑では、度重なる海難死が生じ、津波以外でも数多くの尊い人命が失われてきた。海難死に遭遇した死者行方不明者の魂を一カ所に呼び寄せ、祓い清めることではじめて清浄化された海に出る（出漁する）ことを可能にしてきた。

それは、多数の死者や船舶への被害、浜や港の被害は、海洋沿岸世界におけるケガレをもたらしているため、浜払いや御施餓鬼供養等の行事によって海の穢れがはじめて祓い清められると考えてきたからである。未曾有（スーパー非日常）の災害と言われながら、過去の海難事故の処理と同様に伝統儀礼に則り、これらの作法に準じること自体、あたかも所与のように災害を扱うことで日常の連続性（日常のケと非日常としてのハレ）の中に回収

し取り込んでいこうとする様を示している。

すなわち、たとえ千年に一度の大津波といえども、日常に回帰するためのレジリエンス機能が文化として内在化し存在しているのである。

†内なるショック・ドクトリン

このように唐桑では、たとえ外からのショック・ドクトリンによる間隙を縫った急襲に遭遇したとしても、そのときには、事前に在地のリスク回避として準備された生活基盤がすでに「海の秩序」として十全に機能していることが分かる。外からのショック・ドクトリンは、災害が生じたショックの後にすかさず、土地の秩序が乱れリスクが高まったことに乗じて秩序が回復する前に〝事前に用意された〟市場経済の原理を冷徹に遂行する狡猾さがある。

本来の外からのショック・ドクトリンを意趣返しすれば、災害を幾度も経験してきたコミュニティは、災害に対して必ずしも脆弱であるのではなく、その危機対応が伝承され万全の態勢を整えてある程度の災禍に順応できる対応策を発展させてきたと言える。これがコミュニティにおける「内なるショック・ドクトリン」（金菱、二〇一四）である。

震災後あたかも何もなかったかのように漁村が生業を遂行することに、海のアジール論の本質がある。すなわち、避難すれば、そこに自由と生活が保障されるのがアジール論であるが、災禍における海のアジール論の自由と生活とは何かを考えた際、日常の世界と切り離された災害という非日常の中で準拠する漁民の伝統的な行動規範がある。津波を回避するために沖出しをし、生活弱者が出た場合、みんなで等しくその分担を分かち合う全漁民均等割り制という論理を自らに整備し荒れた海に自立した自前の救済空間を作り出す。すなわち、この漁民の行動規範は、外からの経済基準に合わせるのではなく、在地の論理で構築され遵守されているため、日常においては潜在的であるが、災害などの非常時の際に顕在化し発動される価値基準なのである。

震災後の長期にわたる停滞期間を未然かつ直後に回避して、大規模広域災害における国の庇護を必ずしも十全に期待できない現状であるために、漁民が災害後の生活を自ら担保する。福祉の生活保障を自らの手で作り出しているのである。

第４章
ドヤ街のスピリチュアル・ケア
——ホームレスはなぜ教会へ?

カナン・キリスト教会の佐藤敏牧師・徐蓮熙牧師夫妻

1　生活保護を受けず、キリスト教会へ

†夫婦の伝道者

ここで止めたら、やっぱり寿町では無理なんだと思われる。こんなに悲惨で、どうしようもない町だからこそ、逃げないで一緒に伝道していきましょう。結婚しましょう。

「カナン・キリスト教会」の佐藤敏《さとし》牧師が徐遵熙《ソ・ヨンヒ》教育牧師にプロポーズした言葉である。ご夫妻は、これまで歩んできた人生を静かな口調で語ってくれた。ここ、横浜市寿町地区は、東京都山谷地区（台東・荒川区）、大阪市あいりん地区（西成区）と並び「日本三大ドヤ街」と呼ばれている。「ドヤ」とは、「宿（ヤド）」を逆さ読みしたもので、簡易宿泊所のことを指す。もともとは日雇い労働者の町であったが、現在では「労働者の町」から「福祉ニーズの高い町」へと変化している。

佐藤牧師は、一九四九年、北海道夕張市の炭鉱で働く父親のもと、五人兄弟の二男として生まれ、製鉄所に入り、入社三年目に横浜にある設計部へ転勤する。佐藤氏はこの頃、将来のことで悩むようになる。自分のすべてをかけるに値する、手ごたえのある何かが欲しいと思うようになり、独身寮のある駅の近くで偶然、一枚のチラシをもらう。それは、「特別伝道集会　インマヌエル横浜キリスト教会」の案内であった。

妹の病気をきっかけに教会に行くようになり、一九八〇年に洗礼を受ける。その頃、新聞で見た東京の山谷でキリスト教の伝道をしている森本春子牧師の記事を見て、興味を惹かれ森本師（氏）を訪ねる。そして、毎週日曜日に横浜の教会の礼拝が終わると今度は東京山谷の森本師（氏）の教会に行き、奉仕活動をするようになる。その後、一〇年間勤務していた会社を退職し、全寮制の神学校に進学し、牧師となり、山谷で森本師（氏）を手伝うようになる。その後、横浜の寿町で一九九三年一〇月韓国人のクリスチャンが創立したカナン・キリスト教会に就任した。

徐さんは一九九二年、横浜にある教会に奉仕の助けを求められて来日する。教会での奉仕の合間を縫って、横浜の寿町のホームレスの人びとに手作り弁当を配りながらキリスト教の伝道をしていた。その後、直接ホームレス伝道をしたいという使命感に駆られ、一九九三年に単立横浜カナン・キリスト教会を立ち上げる。

二人の結婚は、ある事件がきっかけになっている。一九九八年一〇月二二日に教会で寝泊まりしていた韓国人の信徒が強盗に遭い、殺されるという事件が起きたのである。しかし、このことをきっかけに教会に来ていた韓国人の信徒はいつしか教会に来なくなってしまう。

そして、当時、教会に住んでいた佐藤牧師は、信徒が殺されたことは自分の身代わりとなったのではないかという自責の念を抱き、苦しむようになる。また、徐牧師も同胞を守れなかった自分を責め続け、荷物をまとめて、カナン・キリスト教会を閉鎖して韓国に帰ろうとし、徐牧師がそのことを佐藤牧師に告げた後の返事が、冒頭の言葉であった。

それ以来、ご夫妻は力を合わせてカナン・キリスト教会で伝道している。

†キリスト教会における地域支援

日本の社会福祉の歴史において宗教団体の持つ意味は極めて大きいと言える。しかし、現在のキリスト教社会福祉事業というものは、他の民間社会福祉事業と同様にその経費の大部分を国、都道府県、市町村等からの委託費収入に依存をしている。委託費は無条件で支払われるのではない。委託された業務と財務内容について公的機関からの監督と干渉を拒むことはできない。民間社会福祉事業の特徴であるニーズが発見され、それに対応し、ニーズを代弁して社会に向かって訴え、社会がそれを制度化し、あるいはそのもとで委託を受けたり、そして、それを批判し、さらに新しいニーズに応えていく、という動的な運動過程というものが民間社会事業の生命である。

ここでは、神奈川県横浜市寿町地区で二〇年以上にわたって、さまざまな地域支援活動を行っているカナン・キリスト教会の事例を紹介する。

†「カナン・キリスト教会」を利用する人びと

①Aさん（五〇代男性）——教会役員、信徒伝道者

一二年前（四〇歳のとき）に一五年間勤めていた会社が倒産をし、リストラされる。何もかも失い希望もなくなり、捨て鉢の人生を送り、いつしか衣食住を失い路上生活をするようになる。昼間は寝て夜になると目をさまし、食料を求めて横浜中華街をさまようような生活を送っていた。しかし、もともと体があまり丈夫でなかったこともあり、若い頃に傷めていた左足の持病が再発し、横浜スタジアムで動けずにいたときに、横浜カナン教会

の佐藤、徐両牧師と教会員の人たちがおにぎりを持ってきてくれた。そのおにぎりがまだ温かく、こんなに温かいものを食べさせてくれるこの人たちに心から感動し感謝する。そして、お礼のためにカナン教会へ行く。佐藤先生から「懲りずに教会に出席しなさい」と言われたので、雨の日も風の日も礼拝、集会に出席するようになる。教会に来て半年後（二〇〇四年一二月）にキリスト教の洗礼を受ける。二〇一一年一月には信徒伝道者に任命される。【会社倒産によるリストラ】

②Bさん（六〇代男性）——教会役員

横浜文化体育館で寝ていたときに、カナン・キリスト教会のパトロールがあり、おにぎりをもらう。それまで二日間何も食べてなくて、水だけを飲んで飢えを凌いでいた。本当にうれしくて涙が出てきた。そしてそのとき、おにぎりと一緒に教会のチラシをもらう。それを見て、教会に行く決心をする。教会で賛美歌を歌っているときに涙が出てきた。過去に自分が犯した罪がどんどん頭の中に広がって、涙を流して、「私はここにいれば第二の人生を送れるんじゃないか？」と思うようになり、引き続き教会に行くようになる。

その頃、借金だらけで自己破産をするしかないような状態だったが、良い弁護士に出会い、また、その弁護士費用を払うための仕事も見つかった（横浜市の福祉施設の洗い場の仕事）。二〇〇三年一二月にキリスト教の洗礼を受ける。現在、教会内で生活をしている。二〇一〇年に教会の役員に任命される。【借金】

③Cさん（三〇代男性）――教会の礼拝・集会での賛美歌担当

大学進学後、就職するも人間関係がうまくいかずに退職。その後、大学時代の知識を生かして弁理士資格取得を目指すも失敗。人生の進路を見失い、家出。何のあてもなくしばらく横浜スタジアム周辺を野宿の拠点としてあちこち歩いていたときに、寿センターで炊き出しがあるという情報を得て、早速、参加してみる。行ってみるとそれはカナン教会の炊き出しだった。そこで、たまたま徐牧師と言葉を交わし、しばらく教会に通ってみることにした。

その後、徐牧師に相談をして、教会に住み込むことになった。教会での新しい生活を通してキリスト教信仰を持つようになった。その年のクリスマスに洗礼を受ける。現在、ホームヘルパーの資格を取るために学校に行っている。【将来の進路への悩み、家出】

④Dさん（六〇代男性）――信徒伝道者

脳性まひを持って生まれ、まっすぐに歩くことができなかった。小・中学校は養護学校へ行けず、普通学校に通う。中学三年時には、学校に行きながら町工場で働く。工場の社長は親のように優しくしてくれて、字の読み書きから足し算、引き算を教えてもらった。二一歳の頃、新聞の募集欄で見つけた大手企業の工場で仕事をするようになる。給料が良く、お金が入るとすぐにスナックで高額な酒を飲むようになる。気がついたら湯水のようにお金を使い果たしてしまった。

両親が新興宗教の会員になり、自分も入会した。自分の障害が治るかもしれないと思っていた。新興宗教の上層部の人のコネで大手企業に転職をするが、病気も治らず、宗教にも嫌気がさしてきて、新興宗教も仕事も辞めようとしたが、辞められずに家出をする。職も転々とするが、生活が成り立たずに、ついに横浜の桜木町の地下街で路上生活をするようになる。クリスチャンの女性がいつも来てくれて聖書を読んでくれたり、お菓子を持ってきてくれたりという地下街での生活が一年間くらい続いたある日、カナン・キリスト教会の人たちからクリスマス会の招待を受ける。クリスマス会に出席をする。教会に来たときには、アルコール依存症で手が震え、まともに歩くことができなかった。耳も聞こえず、目も見えづらかった。

こんな自分を教会の人は優しく迎えてくれた。また、教会のサポートもあり、横浜市中区役所で生活相談を受けて、パン券とドヤ券の支給を受けることができた。教会にも引き続いて行くようになった。徐先生から「教会の住み込みスタッフになりなさい」と言われて、教会に住み込むようになり、新しい生活が始まった。少しずつ信仰が芽生えて、一九九九年四月にキリスト教の洗礼を受ける。二年前には教会の信徒伝道者として任命される。

【アルコール依存症、新興宗教、家出】

⑤Eさん（五〇代男性）――教会役員

高校卒業後、横浜港でタンカーを中心に、船体塗装の仕事をしていた。社長との意見の食い違いがきっかけで会社を三年で辞め、実家で塗装の仕事をしていた。父親の後を継ぎ、約二五年間塗装一筋で仕事をしてきた。しかし、バブル崩壊後、それまであった仕事が徐々に減少し、仕事上の人間関係もうまくいかず、仕事が完全になくなった。その後、寿町に行けば仕事があるのではないかと考え、四六歳のときに寿町に来る。

寿町でも不景気に変わりはなく、結局、仕事を見つけることはできずに、福祉施設（自立支援施設）に入所をする。そこで、教会のメンバーに出会い、カナン教会の礼拝・集会に誘われる。はじめは全く興味がなかったが、熱心に誘ってくれたので、出席をするようになる。その後、徐先生に聖書の学びをするように勧められて、聖書勉強会に参加するようになる。その後、洗礼を受ける。

また、警備員の仕事にも就くようになるが、体の不調や佐藤先生、徐先生の勧めもあって、教会の住み込みのスタッフとして生活する道を選ぶ。二年前には教会で血を吐いて倒れ、救急車で病院に運ばれる。糖尿病と胃潰瘍の合併症とのことだった。現在では、病状も快方に向かい、退院をすることができた。その後、生活保護が受給できて、教会の向かいのドヤに移ることができた。【失業】

⑥Fさん（五〇代男性）――教会聖歌隊メンバー

高校卒業後、普通免許を取得して、三年間警備会社に勤務したが、その会社をリストラされ、知人の紹介で土木建築業界に職を求めて、その業界で一人前になるためにいろいろな技術や資格を取得した。しかし、身に覚えのない借金のため借金取りに追われ、そこから逃げるために横浜の寿町に来る。以前に寿町で仕事があって、寿町に行けば日雇いで仕事をさせてもらえると思っていた。
ドヤで寝ていたところ、窓の外から楽しげな歌が聞こえてきて、その音のするほうへ行ってみると、大勢の人が歌を歌っていた。後で、それがカナン教会の路傍伝道集会だったことを知った。そのときにもらった味噌汁は、三日間何も食べていない自分を優しく包み込んでくれた。

集会中に徐先生に声をかけられ、もう所持金も底をつきドヤも翌日には立ち退かなくてはならず、食べ物もないことを話した。すると今度は、佐藤先生からゴスペルアワー（教会の集会の一つ）に出なさいと言われ、何も分からずに出席をした。会の終了後に、佐藤先生から同じような境遇の人が教会にも来ていることを知り、教会に住み込みをしながら教会に通うようになった。

その後、教会のスタッフと一緒に病院に行き、睡眠時無呼吸症候群であること、知的障害があるのが分かり、各種手続きや生活保護を受けるためにドヤに住みながら教会に通うようになった。しかし、ドヤでの生活はいろいろな人の出入りも多く、誘惑も多いため、ドヤを出て、教会の入っているビルの一室に住むようになった。【リストラ、借金、知的障害、睡眠時無呼吸症候群】

⑦Gさん（四〇代男性）――教会の食事担当

中学卒業後、知的障害のために職業訓練学校に通い、プレス加工などの基礎知識、技術を取得する。その後、父親の勤めている横浜のプレス工場に就業する。二一歳のときに作業中に誤ってプレス機で左手の指を切断し、半年間通院治療をする。その後、仕事に復帰をするが、一九九三年に父親が定年退職を迎え、横浜の会社への通勤が困難になり、横浜に家族で引っ越すことになる。それからしばらく仕事をしていたが、三八歳のときに会社が経営難になり、リストラの対象になってしまった。

退職後、一年半は失業保険給付金と退職金で生活をしながら、再就職のあてを探していた。区の福祉施設（自立支援施設）に入居して茨城県で溶接の仕事をすることができた。しかし、その仕事も長続きせず東京に戻ることになった。区役所に相談したところ、横浜で生活相談をすることを勧められ、二〇〇八年に横浜市寿町に来ることになった。

この頃は、パチンコ、タバコ、酒の生活を送り、自分の生活を維持するのも困難だった。そんな折に、寿町の人から横浜カナン教会の礼拝、集会に出ると食べ物をもらえること、木、土曜日には炊き出しがあることを聞き、食べ物目当てで教会に行く。礼拝、集会に出席するうちに聖書の言葉に感銘を受け、二〇〇九年に横浜カナン教会が保土ヶ谷区に建てた教会（ベツレヘム教会）の増改築の作業を手伝うようになる。二〇一一年一二月に洗礼を受ける。現在、毎週月・水・金曜日に近くのマンションで清掃作業の仕事をしている。

【知的障害、リストラ、ギャンブル】

以上がカナン・キリスト教会に来ている人びとのプロフィールの数例になるが、そのほとんどが生活保護を受けることなく、路上生活をしていたこともある。「なぜ、生活保護を受けようと思わなかったのか？」という問いに対して、「生活保護というう制度があることを知らなかった」とか、「生活保護のことは知っていたが、それに頼らないで社会復帰を目指した」「一人で（生活保護を求めて）役所に行くのは抵抗があった」という回答が返ってきた。

カナン・キリスト教会を利用している人びとが生活保護を受けることなく、路上生活をしていた理由としては、「福祉制度についての知識不足」と「福祉制度を活用することへの抵抗」の二つが大きく挙げられる。

2　制度で扱わない魂のケア

†「カナン・キリスト教会」の地域支援

それでは、知識不足だったり、制度活用に抵抗感を持っていたりと多様なプロフィールを持つ人びとに対して、横浜カナン教会ではどのような手を差し伸べているのだろうか。それを具体的に見てみよう。

横浜カナン・キリスト教会では、月曜日を除いて、ほぼ毎日、路傍集会や聖書学校など何らかのイベントを行っている。また、教会のスタッフには、住み込みのスタッフがいるので、三六五日二四時間、地域の人びとからの相談等を受けている。

①寿センター前での路傍集会

「カナン・キリスト教会」では、毎週、木曜日の昼時と土曜日の早朝の週に二回寿センタ

路傍集会での伝道活動

ー前で路傍集会を行っている。路傍集会は最初に礼拝をする。礼拝では、はじめに、賛美歌を歌い、お祈り、証《あかし》を行う。どのようにして自分は教会に行くようになり、クリスチャンになったのかという体験談、牧師による聖書からのメッセージ、最後に、また、賛美歌を歌い、お祈りで終了する（二〇一四年二月二七日〔木〕の路傍集会では一二八人が集まった）。

礼拝終了後には、炊き出しが始まる。この日は、お弁当、スープ、中華菓子、バナナであった。食事については、前の日から教会のスタッフが一〇〇食から一五〇食くらい準備をする。また、当日の路傍集会には路傍集会や炊き出しの準備のために、教会から毎回、スタッフが一〇人程度参加している。

食事の原材料については、主に、セカンドハーベスト・ジャパン（Second Harvest Japan）からの支援と全国からの献品による。セカンドハーベスト・ジャパンとは、食品メーカー、農家、個人などから、まだ十分に食べることができるが何らかの理由により廃棄される食品を引き取り、福祉施設の子どもたちやDV被害者のためのシェルターやホームレスの人たちのもとに届けることをしている特定非営利活動法人（NPO）団体である。また、献品については、カナン・キリスト教会では、自身のホームページやキリスト教関連の新聞、雑誌等を用いて、単に物質的な提供だけではなく、「肉体・精神・社会・霊的といったあらゆる全人的な必要を覚えて、支え導く働きをしている」観点から経済的に支えてくれるパートナーを求め、献金や献品のお願いをしている。

②愛と祈りのパトロール

カナン・キリスト教会では、毎週火曜の夜に愛と祈りのパトロールを行っている。これは、孤立しがちな路上生活者に人間としての触れ合いを求める活動である。約八〇～一〇〇人くらいの人びとに配付している。教会員五人二組に分かれて教会の周辺地域である横浜スタジアムから関内駅の地下街までを歩く。著者が参加した二〇一四年二月二五日は、袋詰めしたパン（三個）、ゴマ団子、バナナを配付した。教会員は、それぞれ段ボールやテント暮らしをしているホームレスの人びとに声をかけ、簡単な自己紹介をして、食べ物を配付し、何か困っていることはないかなどの声かけを行い、最後に教会案内とお祈りをする。時間にしたら五分程度であるが、すでに二〇年以上も行っているため中には顔見知りの人もいる。

カナン・キリスト教会を利用する人びとのプロフィールにもあるように、現在の教会スタッフの多くが同じように路上生活から教会に来るようになったこともあり、路傍集会と愛と祈りのパトロールはカナン・キリスト教会において重要な支援活動となっていることが分かる。

†具体的なケアの必要性

宗教施設であるカナン・キリスト教会の地域支援の実際から見えてくるものは、ホームレスの人びとに対するキリスト教伝道という「魂のケア」を目指していることはもちろんであるが、「魂のケア」と同時に、ホームレスの人びとを支援するためのより具体的なケアというものを行っていることが分かる。それは、各種福祉制度等に関する情報提供と経済的な基盤を作るための仕事の斡旋である。

佐藤牧師のインタビューでもそのことは強調されていた。実際に、佐藤牧師は、『失業者に愛を込めて……人生何とかなります――寿町から』（クリスチャン新聞）という小冊子を書いている。内容は、全体で八つの章からなっているが、その中の二章を使ってホームレスの人びとに対するケアと就労支援の必要性について書いている。

私もお金に困った人たちが来たら、「まず自立支援施設や区役所に行ってみなさい。そして地元の行政の保護を受けなさい」と勧めます。中には、「失業保険や年金、生活保護、パン券、ドヤ券をもらえるなんて知らなかった」という人がいるわけです。そういう情報を伝えることは、失業で困っている人たちを助けるのです。ですから、そういう事態に陥っている人を安心させるためにも、教会が地域にある行政の情報をまず知り、伝えることが大事です。（「第一章　実際的な情報が失業者の助けに」五頁）

実際にいま、教会を住所にし、ガードマンやゴミ回収車、ファーストフード店の仕事をする人もいて、最近ではコンビニエンスストアで働くようになった若い人がいます。カナン教会だからできる面もありますが、他の教会でも失業者に対して何か実際的な助けができるのではないでしょうか？（「第二章　失業者に対して実際的な助けを」七頁）

しかし、ホームレスの人びとの中には高齢で障害等もあるため、必ずしもすぐには、各種福祉制度や就労に結びつかない場合もある。そのときには、教会に住み込んでもらいながら今後の人生について一緒に考えることもできる。とくに、利用期限が決まっているわけではない。教会に住み込みながら生活を送り、その後、制度に結びつくことができたり、仕事を得たりして、教会を離れる人もいれば、今後の人生を教会スタッフとして歩む人びともいる。

†魂のケアの必要性

カナン・キリスト教会での地域支援のもう一つの側面として、「魂のケア」を挙げることができる。カナン・キリスト教会は、キリスト教の宗教施設であるので、その場合はキリスト教の伝道ということになる。

実際に、カナン・キリスト教会を利用する人びとのプロフィールでも触れたように、現在の教会スタッフの多くが、教会に来て、半年から一年以内にキリスト教の洗礼を受けている。さまざまな理由で路上生活をするようになった人びとにとって、自分の人生の意味を教えてくれたのがキリスト教であったのかもしれない。

また、最近では、筆者も直接に体験した二〇一一年に起きた東日本大震災以降、東北大学では、死期の迫った病人や、大災害・事故の犠牲者の遺族や人びとの死に直面して苦しむ人の心に寄り添い、ケアする宗教者を育てる専門講座が「実践宗教学寄付講座」として始められている（『日本経済新聞』二〇一二年四月二八日付）。

このように、特定の宗教にかかわらず、人生を送る上で迫ってくるさまざまな苦しみ、痛みに対するケアというものが必要であると私は考える。そして、このような支援は、もちろんのこと、各種公的制度で行うことはできないので、カナン・キリスト教会のような宗教施設や非営利組織での活動に委ねることが必要になるだろう。

†制度を補完するスピリチュアル・ケア

横浜市寿町において、ホームレス支援を二〇年以上にわたって行っている宗教施設「カナン・キリスト教会」の事例からは、以下のことを学ぶことができる。

第一に、公的機関の制度等では十分に対応できていない、あるいは、制度そのものがない部分については、「カナン・キリスト教会」がその補完的機能を担っている。たとえば、ホームレスを支援するための公的な福祉制度として、生活保護制度がある。二〇一三年末現在、寿地区の生活保護を受給している被保護世帯数は、五七五六である。

それに対して、寿地区で生活保護を担当するケースワーカーと呼ばれる職員数は、地区担当五九名、面接担当五名、生活支援担当一名合わせても六五名となっている。一人当たりの職員が担当する人数は単純に計算しても八九人となる。一人が一〇〇人近い人びとの担当を十分にできるのかどうかは分からないが、もし、制度が十分に機能しないならば、それが十分に機能するように補完しなければならない。

カナン・キリスト教会では、教会に助けを求めてくるホームレスの人びとの相談を受け、共に区役所に行き、ホームレスの人の生活状況について本人に代わって説明をし、福祉サービスが受けられるように支援をしている。ホームレスの人の中には、十分に福祉制度についての知識がない人や、自分のことをうまく説明できない人もいる。そのような場合に、その人に代わって説明をするのである。そして、生活保護を受給後も必要に応じて相談を受け、役所に出向くようにしている。

また、既存の制度ではその人に対する支援ができない場合には、カナン・キリスト教会独自にその人をサポートしている。たとえば、教会での宿泊や食事の提供、就労支援の相談等である。カナン・キリスト教会を一時的な拠点として、ある場合には公的機関につなぎ、ある場合には、教会独自の支援を行っている。

第二に、カナン・キリスト教会では、公的機関では提供することができない人びとの魂のケアを行っている。このような支援は、スピリチュアル・ケアと言い換えることができる。カナン・キリスト教会は、キリスト教会なので、キリスト教において人びとのスピリチュアル・ケアを行うわけであるが、それは特定の宗教に限ったことではない。

WHO（世界保健機関）は、「スピリチュアル」について、人間として生きることに関連した経験的一側面であり、身体感覚的な現象を超越して得た体験を表す言葉で、多くの人びとにとって、「生きていること」が持つスピリチュアルな側面には宗教的な因子が含まれるとしている。その上で、単に宗教的側面だけではなく、身体的、心理的、社会的因子を包含した、人間の「生」の全体像を構成する一因子として、生きている意味や目的についての関心や懸念と関わっている場合が多いと定義づけている（WHO「ガンの緩和ケアに関する専門委員会報告」一九八三)。

カナン・キリスト教会に集っている人の多くが、路上生活から救われ、キリスト教の洗礼を受け、今度は教会スタッフとしてホームレスの支援をしている姿を見ると、人びとの支援というものは必ずしも公的制度だけでは十分ではなく、このような公的制度に馴染まないスピリチュアル・ケアというものも必要ではないかと考える。

Ⅱ

福祉制度に替わるセーフティーネット

プロローグ

世界三大宗教の一つであるキリスト教を福祉の立場で読み替えるならば、面白いことが見えてくる。

たとえば奇跡を起こしたイエスが、じつは財布を持たなかったという点を挙げることができる。いわば彼は一文無しだったわけであるが、お金がないことが即座に生きてはいけないことを意味するのではない。そのことを聖書は歴史的に示してくれている。

すなわちイエスは財布を持たないことを生き方として選択し、当時の不平等を認める社会制度に敢然と立ち向かうことで、制度に適応できない人びとを救い出す、いまで言うセーフティーネット的なあり方を社会的に実践していたことが見えてくる（第5章）。

イエスの命懸けのクレームから二〇〇〇年以上経つわけであるが、いま私たちを取り巻く社会福祉の制度や法律は、時には私たちの権利を侵害してしまう〝怪物〟へと変化していると言える。このことを著者（のひとりである大澤）の福祉の関わりと実践を通じて福祉制度の矛盾に揉まれながら、それぞれの福祉の現場を横断的に経験してきたことを中心にしながら、制度との関わりと反目とを描き出す（第6章）。

最後に、本書の各実践全体を貫いている反福祉論の理論的な展開を試みる。制度による社会的剝奪が生み出す安全保障を「生きられた法」としてまとめ、福祉の内実をより豊かなものにできるように考えてみる（第7章）。

第５章

ホームレスとしてのイエス・キリスト
――制度からの解放宣言

イワン・クラムスコイ画『曠野のイイスス・ハリストス』（1872年、トレチャコフ美術館蔵）

1　イエスの人物像

†財布を持たないキリスト

世界で断トツのベストセラーである『聖書』を読み返すと、イエス・キリストは、財布を持たない、いまで言うホームレスに近い存在であったことに気づかされる。なぜ、イエスは財布も持たずに生きることができたのだろうか？

本章では、財布を持たないキリスト像に迫ることで、本来は「人間を幸せにするという機能」を持っているはずの法制度や宗教規則というものが、いつの間にか本来の機能を失ってしまう点を描き出そうと思う。

聖書には、イエスが財布を持っていたかどうかについては、次のような記述を見ることができる。

過越祭の六日前に、イエスはベタニヤに行かれた。そこには、イエスが死者の中からよみがえらせたラザロがいた。イエスのためにそこで夕食が用意され、マルタは給仕をしていた。ラザロは、イエスと共に食事の席に着いた人びとの中にいた。そのとき、マリアが純粋で非常に高価なナルドの香油一リトラ持って来て、イエスの足に塗り、自分の髪でその足をぬぐった。家は香油の香りでいっぱいになった。弟子の一人で、後にイエスを裏切るイスカリオテのユダが言った。「なぜ、この香油を三百デナリで売って、貧しい人びとに施さなかったのか」。彼がこう言ったのは、貧しい人びとのことを心にかけていたからではない。彼は盗人であって、金入れを預かっていながら、その中身をごまかしていたからである。（ヨハネによる福音書一二章一節〜六節）

イエスは財布を持っていたのか、という問いについては、「イエス自身は財布を持っていなかったが、弟子に財布（金入れ）を持たせていて、必要に応じて金を使っていた」と答えることができる。しかし、聖書をよく見ると、イエスや弟子たちが「お金を使った」という記述を見ることはできない。後にも触れることにするが、税金さえも財布を開くことなく、奇跡を起こして金（銅貨）を手に入れているほどの徹底ぶりである。

日常生活にしても、食事については、罪人と言われていた、当時の社会からはのけ者にされていた人びとの家に招かれてご馳走になったり、また、あるときは人の結婚式に出席をして大酒を飲みながら、どんちゃん騒ぎをしている様子を見ることができる。そして、伝道のために弟子を派遣する場面においては、「財布を持って行くな、食事はご馳走になれ！」と命令をしているのである。弟子に財布（金入れ）を持たせて金銭管理をさせていたイエスは、あたかも財布を持たないかのように、あるいは財布を持つことを拒否しているかのように、自身の十字架の死に至るまで人生を歩み続けたのである。

なぜ、これほどまでに徹底して金銭を使おうとしなかったのか？　財布を開こうとしなかったのか？

このことから、財布を持たない（あるいは、持とうとしない）イエス像について順を追って見ていこう。そして、この財布を持たないイエスは、ある意味において金銭至上主義とも言える現代の日本に生きる私たち一人一人に何を語ろうとしているのか。それについて、以下述べていくことにする。

†聖書の中のイエス像——誕生から死まで

イエスの生涯は、ヘロデ王治世（前三七〜前四）の末期から始まり、紀元三〇年頃ユダヤの都エルサレムで十字架にかけられた、その間で起きたものであると考えられている（荒井、一九七四）。イエスの誕生は、ガリラヤのナザレという町で、大工をしていた父ヨセフと母マリアという夫婦から生まれた。ナザレで生まれたから「ナザレのイエス」と呼ばれるようになった。そして、大工の子として成長した。ヤコブ、ヨセフ、ユダ、シモンという四人の兄弟と、何人かの姉妹とともに生活をしていた。

大工であった父ヨセフは早く世を去ったらしく、イエスも大工の家業を継いでいたと考えられる。そして、イエスが三〇歳の頃、おそらく紀元二〇年代の後半頃に家を出て洗礼者ヨハネから洗礼を受けて、やがてヨハネのグループから独立して、ガリラヤを中心にイエス独特の「神の国運動」と呼ばれる伝道を開始した。イエスの活動は、「罪人」とレッテルを貼られた被差別者と食事を共にし、病を抱えた人びとの世話をすることであった。こうした活動は、人間が本来的に平等であることをアピールするための象徴的な行動でもあった（上村、二〇一一）。

また、イエスの活動は、「神の国の到来を告げ知らせる」というものでもあった。『新約聖書』のマルコによる福音書には、次のように書かれている。

「時は満ち、神の国は近づいた。悔い改めて福音を信じなさい」と言われた。（マルコによる福音書一章一五節）

「神の国」とは必ずしも国家ということではなくて、神の支配・神の力の及ぶ範囲と言い換えてもいいと考えられる。イエスの当時、「神の国」について多くなされていた表現の仕方は少なくとも二通りあった（田川、一九八〇）。

①神の国は全く他律的なもの、つまり人間が作るものではなく、神が自ら定めた時に自ら姿を現すことによって実現する

②ユダヤ人の中でそのように神の国を待望する宗教的に敬虔な者たちこそが神の国を担う

とくに、②の考えによれば、宗教的信心の厳格さを追求している者たちが、自分たちだけが神の国を担っているのだと思いあがり、さまざまな理由により「神の国を担う」こと

ができない人びとに対しては、常に裁きと呪いの声を浴びせかけることになる。

洗礼者ヨハネは、「歴史の終わりの時」を告げる。その時には、神の前にすべての者が引き出され、生きている時の生活によって、ある者は救われ、ある者は裁かれることになる。そのような「最後の審判」が来ることを前提にして、その終わりの時に備えて悔い改めなさいというのが、その基本的なメッセージになる。その罪の赦しを得させるための洗礼（バプテスマ）をヨルダン川で行っていたのである。

洗礼者ヨハネのもとを去ったイエスは、洗礼者ヨハネがやっていたことを継承するだけでなく、独自の神の国運動を展開した。それは、洗礼者ヨハネが行っていた運動が「裁き」であったとするならば、イエスの行っていた運動は「赦し（救い）」を中心にした、神の愛を信じて悔い改めることによって救われるというものであった。

しかも、洗礼者ヨハネは荒野に留まってヨルダン川に来るように呼びかけているが、イエスの場合は自ら村々をめぐって、「罪人」のもとを訪ねるという方法をとっていることが分かる。荒井は、このことが、洗礼者ヨハネとイエスの決定的な相違であると指摘する（荒井、一九七四）。

もちろん、洗礼者ヨハネのもとに集まった人びとはその大半が社会の下層に属する人びとであったが、ヨハネが荒野に留まっている限りは、洗礼者ヨハネからさえも社会的に遮断されていた人びとの存在があったことになる。

しかし、イエスの場合は、自ら荒野から町や村へと出かけ、町や村へさえ住むことのできなかった重い皮膚病患者や「悪霊にとりつかれた者」たちのもとへと、イエス自らが馳せ参じていた。これは聖書の記述から知ることができる。

洗礼者ヨハネが荒れ野に現れて、罪の赦しを得させるために悔い改めの洗礼を宣べ伝えた。（マルコによる福音書第一章四節）

ヨハネが捕えられた後、イエスはガリラヤへ行き、神の福音を宣べ伝えて……（マルコによる福音書第一章一四節）

イエスは言われた。「近くのほかの町や村へ行こう。そこでも、わたしは宣教する。そのためにわたしは出てきたのである」。そして、ガリラヤ中の会堂に行き、宣教し、悪霊を追い出された。（マルコによる福音書第一章三八・三九節）

†イエスの日常生活

イエスは、村や町での伝道をしながら、どのような日常生活を送っていたのか、聖書には、イエスの衣食住について次のような記述を見ることができる。

(衣服)

兵士たちは、イエスを十字架につけてから、その服を取り、四つに分け、各自に一つずつ渡るようにした。下着も取ってみたが、それには縫目がなく、上から下まで一枚織りであった。(ヨハネによる福音書一九章二三節)

『聖書辞典』(新教出版社編、一九六八)によると、イスラエル人の服装は極めて単純で、現今のシリアの農夫のそれと大差がなかった。そして、その基本的なものとして、以下の三種を挙げている。

①下着

直接、肌に着たもので、聖書では、「下着」（ダニエル書三章二一節、ヨハネによる福音書一九章二三節）「下服」（出エジプト記二八章四〇節）、「はだ着」（ヨブ記三〇章一八節）などと訳されている。ウール地または亜麻布で作られ、丈は膝まで達し、袖はなかった。

②上着

「上着」（サムエル記上一五章二七節、マルコによる福音書一〇章五〇節）は「上服」（出エジプト記二八章三一節）とも訳されている。これは外出のときに下着の上に着た。

③外套

上着よりも丈は短いが、いっそう美しいもので、下着の上に、また上着の上に羽織った（ヨシュア記七章二一節、ダニエル書三章二一節、マタイによる福音書二七章二八節）

聖書では、イエスが十字架にかかるときに、イエスの服を分け合ったという記述が見られる。十字架刑囚の衣服を執行人のあいだで分けるのは、通常のことであった。衣服には外套と下着とがあり、外套は縫目に沿って四等分したことが想像される。下着は「縫目がなく」との表現から下着を裂かないでくじ引きをしたことが分かる。

イエスの時代には、富者は下着として立派な亜麻布のシャツを着た。また、豪華な宴会には飾りつきや刺繡、金色の豪華なシャツを着ることもあった。しかし、悪天候でも外出せざるをえない人びとは着衣にこだわることはできなかった（ダニエル＝ロプス、一九六四）。また、イエスが共に活動をしていた洗礼者ヨハネは、「らくだの毛衣を着、腰に革の帯を締め、いなごと野蜜を食べていた」（マルコによる福音書一章六節）とあるように、非常に簡素な生活をしていたことが分かる。洗礼者ヨハネと活動を共にしていたイエスもまた、質素な身なりをしていたことが想像される。

（食事）

人の子が来て、飲み食いすると、「見ろ、大食漢で大酒飲みだ。徴税人や罪人の仲間だ」と言う。しかし、知恵の正しさは、その働きによって証明される。（マタイによる福音書一一章一九節）

古代イスラエル人の食事は一日二回であって、一回目は正午近くの昼食でこれは軽いが、二回目の日没二時間ほど前の夕食は、家族全体の共同の食事である。聖書では、イエスが食事をする場面が多く見られる。

イエスは、好んで徴税人、遊女、「罪人」たちと食事を共にした。いずれも、当時のユダヤ社会での被差別者であった。徴税人は、ユダヤ人でありながら、敵国ローマのために同胞ユダヤ人から税金を徴収する職業ということもあって軽蔑の対象であった。遊女は言うまでもなく、人びとからは疎外されていた存在であった。また、「罪人」はモーセ律法を守れていない者という一般的な意味ではなく、異邦人（ユダヤ民族以外の国民）や職業的な理由から、律法に定められた軽重さまざまな禁忌に違反せざるをえないような者（羊飼いなど）、さらには、最近の学説によると刑事犯に当たる者たちであった（大貫、二〇〇三）。

このようにイエスは被差別者の家に入り、食事を共にしていたのである。当時の社会からは全く相手にされなかった人びとにとってイエスとの食事は楽しかったに違いない。たとえば、徴税人ザアカイに対して、イエスは声をかけている。

「ザアカイ、急いで降りて来なさい。今日は、ぜひあなたの家に泊まりたい」。ザアカイは急いで降りて来て、喜んでイエスを迎えた。（ルカによる福音書一九章五・六節）

このように、イエスとその弟子たちは喜びをもって被差別者たちの食事に招かれたことは間違いないと言える。

また、イエスとその弟子たちは、婚礼の客として招かれ食事をしたことも聖書の記述から分かる（ヨハネによる福音書二章二節）。イエスは自身の語るたとえ話の中で、婚礼の日については、それを他のすべての祭日にまさった祭日として引用している（ダニエル＝ロプス、一九六四）。結婚はとくに秋に行われ、すべての親類が呼ばれた。全村、すべての友人、友人の友人が招かれた。人びとは遠方からもやってきた。祝宴は七日間、時としてその倍も続いた。人びとはその間、大いに食し大いに飲んだのである。

すべての民族において、食事は常に友好関係の機会であった。ユダヤ人は気前よく食事に客を招いた。そのことを考えても、やはり金銭を支払うことなく、イエスとその弟子たちは食事をしていたことが分かる。

イエスの具体的な姿、人びとのそばにイエスがいること、彼の近さが、イエスに従う人びとにとっても、遠く離れて「外に立つ人びと」にとっても、救いと解放を意味したのである（スヒレベーク、二〇〇三）。

（住居）

そのとき、ある律法学者が近づいて、「先生、あなたがおいでになる所なら、どこへでも従って参ります」と言った。イエスは言われた。「狐には穴があり、空の鳥には巣がある。だが、人の子には枕する所もない」。（マタイによる福音書八章一九・二〇節）

左近義慈と南部泰孝による『聖書時代の生活Ⅰ——古代イスラエルの風土と生活の基本構造』（一九八〇）によると、人間の住居が洞窟から始まるのは、パレスチナの場合も同じである。洞窟の生活はその後、主として非常の場合に限られ、逃亡者たちの臨時の住処《すみか》として利用される。殺人を犯した者や政治的失脚者たちの逃れの場所になったのである。新約聖書の時代には、洞窟は墳墓として使用される。しかし、この時代のはるか以前に、穴居生活はテント生活と泥の家の生活にとって代わられている（同書）。石の家屋は、石を産出する山岳地で早くから建てられている。四角に切られた石を漆喰で固めて家を建てることもあるが、多くの場合は自然の石を使って一階か二階に建て上げる。イエスの時代には、ギリシャ・ローマ式の住居が建てられていた。

たとえば、イエスの父ヨセフと母マリアが少年イエスを育てたナザレの家は初歩的段階の造りで、石灰で白く塗った立方体の大きなブロックで、窓は小さく、玄関以外にあったのは、内部をだいたい一つの室を二つに仕切ったもので、半分は家畜のため、半分は家族のために用いられた。あるものは半ば穴居の家で、住居のために石灰石の岩壁を削ったり、あるいは古代の洞穴を利用したものであった（ダニエル＝ロプス、一九六四）。

この聖書の記述だけを見ると、イエスがいつも野宿をしているように思えるが、そうではない。イエスにはベタニヤのマルタとマリアのように宿を提供している人びともいたからである。しかし、当時の社会から隔絶された生活を強いられている人びとの所に赴き、共に食事をするというイエスと弟子たちの行動からすると、あたかも逃亡者たちのように洞窟で一夜を共にしたことも多かったことが考えられる。

イエスが自分に従って来たいという人に対して、決して「安定した」生活を期待することはできないこと、そして、人間的な熱心さで自分に従うのは難しいということを言おうとしていた。それはあるときには、枕することもできないような不安・危険な状況での夜を過ごさなければならなかったことを意味している。

2　イエスと金銭

†無一物での伝道を命じる

イエスが弟子たちを伝道に遣わすに当たっては、次のような言葉を言われている。

そして、一二人を呼び寄せ、二人ずつ組にして遣わすことにされた。その際、汚れた霊に対する権能を授け、旅には杖一本のほか何も持たず、パンも、袋も、また帯の中に金を持たず、ただ履物は履くように、そして「下着は二枚着てはならない」と命じられた。また、こうも言われた。「どこでも、ある家に入ったら、その土地から旅立つときまで、その家にとどまりなさい。（マルコによる福音書六章七節〜一〇節）

ここで出てくる袋については、二つの意味が考えられる（ウィリアム・バークレー、一九六八）。

①ずた袋――この袋は、仔山羊の皮でできていた。羊飼い、巡礼者、旅行者は少なくとも一日や二日分のパン、乾ぶどう、オリーブ、チーズなどを入れて持ち歩いた。

②募金袋――ギリシャ語では「ペーラ」であり、募金袋を意味した。祭司や信者たちが、これらの募金袋を持って神殿や神のための献金を集めに出かけるのは珍しくなかった。

もし、①ずた袋、の意味だとするならば、弟子たちに伝道するために何の補給品も持って行かず、すべてを神に頼れと言われたことを意味する。そして、②募金袋、の意味だとすると、当時の祭司たちのような真似をするなという意味になる。

イエスと同労者たちの行った示威行為の意味は、現に地上でも実現しつつある「神の国」がどのようなものであるかを身をもって示すことであった。「宇宙の晴れ上がり」の中で、蒔かず、刈らず、紡がずに生かされている空の鳥と野の草花のように、「アッバ父」なる神への全的な信頼によって生きることである（大貫、二〇〇三）。

マタイによる福音書一〇章九節、一〇節では、同様の記事が「帯の中に金貨も銀貨も銅貨も入れて行ってはならない。旅には袋も二枚の下着も、履物も杖も持って行ってはならない。働く者が食べ物を受けるのは当然である」とある。イエスは弟子たちをほとんど無一物で伝道に遣わしたことが分かる。そして、イエス自身もそのようにして伝道していたと考えることができる。

しかし、イエスのこのような行為は、当時の人びとからは狂気の沙汰に映ったに違いない。本来は家計を支えるべき長男であったイエスが、弟子たちとほとんど無一物で伝道をして歩いていることに対して、周りの者はイエスを「あの男は気が変になっている」と考え、家族はイエスを取り押さえに来たという記述が聖書に出てくる。

身内の人たちはイエスのことを聞いて取り押さえに来た。「あの男は気が変になっている」と言われていたからである。（マルコによる福音書三章二一節）

†イエスと税金

聖書の中では、イエス自らが税金を納めたという記述を見ることができない。したがって、イエスに従っていた弟子たちからもあるいは、当時の宗教指導者からの税金に関する問いが発せられることになる。

ところで、皇帝に税金を納めるのは、律法に適っているでしょうか、適っていないでしょうか。納めるべきでしょうか、納めてはならないのでしょうか」。イエスは、彼らの下心を見抜いて言われた。「なぜ、わたしを試そうとするのか。デナリオン銀貨を持って来て見せなさい」。彼らがそれを持って来ると、イエスは、「これは、だれの肖像と銘か」と言われた。彼らが、「皇帝のものです」と言うと、イエスは言われた。「皇帝のものは皇帝に、神のものは神に返しなさい」。彼らは、イエスの答えに驚き入った。（マルコによる福音書一二章一四節〜一七節）

税金は、ユダヤ地方がローマの直轄地となってから課せられた。ユダヤ人は、占領者に服従する行為として納税を屈辱的に捉えていた。ガリラヤ地方のユダが「ローマに貢を納めるな」と納税を拒否し、反乱を起こしたこともあった。ここで、イエスが税金を「納めるべきである」と言えば、ユダヤ人の心はイエスから離れていく。税金を「納めるべきではない」と言えば、ローマに対する反逆罪となる。つまり、どのように答えてもイエスに不利益が生じてしまうことになる、そのような状況であった。

デナリオン銀貨一枚は当時、人頭税として要求されていた額である。そこには、ティベリウス皇帝（一四〜三七年在位）の肖像が刻印されていた。デナリオン銀貨のギリシャ語の刻銘は、「崇高なる神の子、崇高なる皇帝にして大祭司なるティベリウス」である（荒井、一九九四）。「皇帝のものは皇帝に、神のものは神に返しなさい」という文章は、①「皇帝のものは皇帝に返しなさい」、②「神のものは神に返しなさい」という二つの文章が「そして」を意味するギリシャ語の接続詞「Kai」で結ばれた並列構文になっている。

そして、「皇帝のもの」とは、ローマ帝国への税金を意味し、「神のもの」とは、神殿への献金を意味している。つまり、イエスは、ローマ支配を批判しつつ、自分たちの宗教的社会支配の勢力を温存させている（民衆に対する巨大な経済的搾取機構として存在している）神殿に関わっているエルサレムの宗教貴族たちを批判する。イエスはローマ帝国に直接税金を払わぬ位置にいたが、エルサレム神殿にはさまざまな仕方でお金を搾取されていたのである（田川、一九八〇）。

聖書にはイエスが自ら積極的に税金を納めていたという記述を見つけることができない。たとえば、次のような聖書の記述を見てほしい。そこには、しぶしぶ税金を納めるイエスの姿が出ている。

一行がカファルナウムに来たとき、神殿税を集める者たちがペトロの所に来て、「あなたたちの先生は神殿税を納めないのか」と言った。ペトロは、「納めます」と言った。そして家に入ると、イエスのほうから言いだされた。「シモン、あなたはどう思うか。地上の王は、税や貢ぎ物をだれから取り立てるのか。自分の子どもたちからか、それともほかの人びとからか」。ペトロが「ほかの人びとからです」と答えると、イエスは言われた。「では、子供たちは納めなくてよいわけだ。しかし、彼らをつまずかせないようにしよう。湖に行って釣りをしなさい。最初に釣れた魚を取って口を開けると、銀貨が一枚見つかるはずだ。それを取って、わたしとあなたの分として納めなさい」（マタイによる福音書一七章二四節〜二七節）

二〇歳から五〇歳までのユダヤ人男子は、一年につき半シェケル（労働者の二日分の労賃）を、過越《すぎこし》の祭りのときにエルサレムで納めるか、別の地で一カ月早く納めなければならなかった。ここで、イエスは神の子である自分が神殿税を納めることの不合理を説明している。しかし、「彼らをつまずかせないように」、魚の口に発見されるステタル貨（シェケル貨と同価値）をもって納めるように指示をした。このような方法を用いたのは、あくまでも自分に神殿税を納める義務がないことを弟子たちに明らかにするためであったと考えられる。しかし、イエスは、神殿税を納めるには納めたが、魚の口に銀貨を発見させるという奇跡を行うことによって、ほかの人びとに「つまずきを与えないために」しぶしぶ税金を納めているのである。しかも、イエス自身や弟子たちのお金を使うことなく、魚の口に銀貨を咥えさせるという奇跡をあえて使うのである。

†イエスの金銭に対する考え方

あなたがたも、何を食べようか、何を飲もうかと考えてはならない。また、思い悩むな。それはみな、世の異邦人が切に求めているものだ。あなたがたの父は、これらのものがあなたがたに必要なことをご存知である。ただ、神の国を求めなさい。そうすれば、これらのものは加えて与えられる。小さな群れよ、恐れるな。あなたがたの父は喜んで神の国をくださる。自分の持ち物を売り払って施しなさい。擦り切れることのない財布を作り、尽きることのない富を天に積みなさい。そこは、盗人も近寄らず、虫も食い荒らさない。あなたがたの富のあるところに、あなたがたの心もあるのだ。(ルカによる福音書一二章二九節〜三四節)

イエスの金銭に関する考え方というものを見ていく。ここでは、イエスは、金銭を含む物質的なものに対してどういう態度をとるべきかを弟子たちに語っている。この聖書の全体を通してイエスが禁じていることは、「思い煩い」、「心配」である。イエスは、無為無策で、無鉄砲な生き方を勧めているわけではない。彼が人びとに教えたいことは、自分の最善を尽くし、あとは神に任せよということである。

イエスは、この箇所以前の部分で、「烏《からす》のことを考えてみなさい。種も蒔かず、刈り入れもせず、納屋も倉も持たない。だが、神は烏を養ってくださる。あなたがたは、烏よりもどれほど価値があることか」(ルカによる福音書一二章二四節)と言っている。

烏は、旧約聖書のモーセの律法では、食べてはならない忌むべき鳥とされている(レビ記一一章一五節、申命記一四章一四節)。しかし、ここでは、そのような忌むべき存在である働かない鳥でさえも養ってくださることを表現して、私たち人間は当然のごとく神は養ってくださることを強調している。

そして、「ただ、神の国を求めなさい」と言う。「神の国」とは、神のみ心が天と同じように地上になされる状態のことである。そこでイエスは言う。「あなたの全生涯をかたむけて、神のみ心に従い、それに心をあずけて安んじていきなさい」と（バークレー、一九七〇）。目に見える一時的な物質的豊かさや金銭を求めるのではなくて、目には見えなくても永遠になくなることのないもののために、いまを生きることを勧めるのである。

「あなたがたの富のあるところに、あなたがたの心もあるのだ」（ルカによる福音書一二章三四節）との問いかけは、地上の宝を求める者はその宝によって自らを縛り付けてしまうとの指摘がなされている。つまり、本来は神に感謝をしながら働いた結果としての財産や金銭であるはずが、気がつくと財産や金銭を得るために働いてしまうという結果と目的の逆転現象が生じてしまうことになる。イエスの金銭に対する考えは、財産や金銭に縛り付けられるような生き方ではなく、日々、神に感謝をしながら生きていくという人間本来の生き方をここで提案しようとしているのである。平たく言えば、明日のことを気にせずに一日一日を神様に感謝をして精一杯生きて行こうという意味になると思われる。

また、イエスは、当時の人びとを締め付けている宗教上の規則についても一石を投じている。それは「安息日論争」と言われるものである。

安息日は、人のために定められた。人が安息日のためにあるのではない。だから、人

の子は安息日の主でもある。（マルコによる福音書二章二七節）

イスラエルの民は、安息日を単なる休息の日としてだけでなく、神礼拝のための、聖会の日として守った。安息日にしてはならない三九カ条の禁止条項を作り、その各条項を守るために、さらに二三四の行為が禁止されるようになったのである。しかし、イエスは人間の日常生活をがんじがらめに縛り付けている安息日に対して反対をしている。

イエスは金銭だけではなく当時の人びとを支配していた宗教的戒律に対しても人間の自由と主体性を高らかに宣言する。たとえば、ここで取り上げた「金銭」、「財産」、「安息日」をさまざまな「掟」や「組織」に置き換えてみるならば、現代においてもイエスの言葉がどれほどの衝撃性を有するものなのか、はっきりと認識することができるであろう（滝澤、二〇〇六）。

イエスは、このように金銭に対してはもちろん、財産、宗教的戒律等にいたるまで、当時の人間を縛り付けていたありとあらゆるものに対して、解放を宣言するのである。また、宣言するだけではなく、イエス自身もそのようにして生き、弟子たちに対しても命じるのである。

聖書の中に見られるイエスは、決して財布を持とうとしない。そして、それを使おうともしない。イエスは、財布を開くことなく、金銭を使うことなく日常生活を送っている。服装は、質素なものを着用し、すでに紹介したように食事は、当時、罪人と言われるような、さまざまな理由から社会との接点を持つことが難しかった人びとの食卓に招かれ、十分に彼らとの交流を楽しんだのである。時には婚宴の客として、その場を盛り上げたのである。住まいも同様で、人びとの家に泊めてもらっていた。それが無理な場合は、「石を枕」にして、洞窟で眠ったことであろう。

また、当時の人びとをがんじがらめに縛っていた制度として、とくに、「税金」と「安息日」があった。「税金」は法制度であり、「安息日」は宗教規則である。当時の「税金」は、ローマ帝国に納めるものと、地方政府に納めるものと、神殿税があった。それ以外にも、貧しい人びとや会堂に寄付するための一〇分の一税があった。

それらを新約時代のパレスチナにおける労働者階級の家族の支出で見てみるならば、衣服（三〇％）、食料（二〇％）、慈善（一〇％）、祭り（一〇％）、一〇分の一税と神殿税（一一%）、ローマ、地方への税（四%）、違法な税金、賄賂（五%）、その他（一〇%）となっていた（アレグザンダー、二〇一〇）。このように人びとはさまざまな税金によって苦しい生活を強いられていたのである。

また、「安息日」は、前にも触れたように、神礼拝のための、聖会の日として守った。しかし、さまざまな安息日を守るための禁止条項が事細かに定められ、人びとの生活を縛っていったのである。イエスが言った「安息日は、人のために定められた。人が安息日のためにあるのではない」（マルコによる福音書二章二七節）という言葉は、本来の「安息日」を人間のために取り戻すためのイエスの心の叫びでもあったに違いない。

イエスは、本来は人を生かすための制度が実際は人びとを縛り付け苦しめているという現実に対し、怒りを発するのである。制度によって苦しめられた人びとを救うためにも活動したのである。イエスは、言葉により、行動によって制度から自由になる道を人びとに教える。その一つが「財布を持たない生き方」なのである。

イエスは、当時、制度によって生み出された「罪人」という人たちの家に宿泊をし、食事を共にしながら、町々を巡り歩くのである。絶対に納めなくてはならない税金を納めるに当たっては宗教指導者たちと口論をし、実際に納めるときには魚の口に銅貨を咥えさせるという奇跡を行い、税金を納めるのである。決して、自分の財布を開こうとはせず、自ら税金を納めることすらしないのである。イエスは決して、納税を否定したり、宗教規則を無視する生き方をしているのではない。

イエスは、「人間を幸せにするという機能」を持っているはずの法制度や宗教規則というものが本来の機能を失っていることに目を向ける。そして、法制度や宗教規則というものが、その制度に適応できる人と適応できない人を生み出してしまい、制度に適応した人びとが制度に適応できない人びとに対して差別をしてしまうという悲劇的な現実に対して、命懸けでクレームをつけている、とまとめることができる。

第６章
福祉に挑むドン・キホーテ
——ある研究者の知的遍歴

横浜市寿町のドヤ街

1　ホームレスを救いたい

†どす黒く汚れた手――食肉の格付けという制度

なぜ反福祉論でなければならないのか、それは筆者の一人である大澤の経験の束によっても裏打ちされている。それを一部披瀝しながら、反福祉論を補足してみたい。

大学卒業後、ある公的機関に就職した。仕事の内容は、食肉の格付けである。簡単に言うと、肉の検査をして、牛肉ならばA5からC1までの格付けをし、豚肉の場合は、極上から等外までの格付けをして、食肉市場に出すという仕事である。当然のことながら、食肉を生産している農家や農業団体等は食肉の値段を高くしてもらいたいし、反対に、食肉を買う側の食肉加工メーカーなどは食肉の値段を安くしてもらいたいと考える。

その生産者と購入者のあいだに入って格付けを行い、「適正価格」を維持するというのが私のいた職場の仕事なのである。したがって、原則的に公平中立な立場に立たなくてはならない。しかし、人間が判断することであるので、一〇〇%正しい判断をすることが可能なのかという問題もある。また、当然のことながら、食肉を生産する側、食肉を購入する側、双方から何らかのアプローチを受けることもあった。もちろん、適正な格付けをするためにかなり頻繁に研修や試験などもあったが、不思議なもので、同じ研修を受けている人でも必ずしもみんながみんな同じ食肉を見て、同様の格付けをするわけではないことを知った。

この仕事をしてみて分かったことは、いくら制度がきちんとしていても、それが正しく行われているかどうかは分からないということである。つまり、制度は正しくても、それを運用する人間によっては正しく運用されるのが難しいこともあるのだと、食肉の格付けという仕事を通して学ぶことができた。

どんな業界でもあるように、私の職場でも食肉の生産者のほうは、できるだけ食肉を高く買ってほしいわけで、その正当な手段として肉そのものはもちろんのこと、それ以外にもさまざまな方法で食肉の値段を吊り上げるための仕掛けを作ろうとする。たとえば、〝接待〟と言われるものがそうである。具体的な内容についてはご想像にお任せしたいと思う。

しかし、私のそのときの気持ちを正直に言うと、そのような接待でよい気持ちにはなれず、心身を蝕まれた。そんなはずはないのだが、朝起きると顔を洗う手がどす黒く汚れている気がした。それを打ち消すかのように、学生時代に洗礼を受けたクリスチャンとして毎週、日曜日には、自宅近くのキリスト教会へ通いながら、奉仕活動と献金を行った。いわば自分が受けた罪を浄化することでしか平常心を保てなかったのである。

しかし、そのような私の気持ちを知ってか知らずか、教会の牧師先生や教会の役員の方たちは教会員に「みなさん、大澤さんは教会に来て間もないのに、毎週教会で熱心に奉仕活動をして、献金も一生懸命にしています。偉いですねえ」と言った。その言葉に心を痛めた私は、「自分は本当に偽善者だ。僕を見習ってはダメだ」と心の中で叫んでいた。

†地球よりも〝軽い〟ホームレスの死

教会に行くことと同様に、仕事の贖罪をすべくボランティア活動にも従事した。勤務地が大阪であり、住んでいたところが西成区玉出というところだった。友人に紹介されて釜ヶ崎にある「喜望の家」という施設に行くことになる。そこでは、アルコール依存症の人たちのデイサービス事業やデイパトロールといって、路上生活者に毛布や食事を配布するという活動を行っていた。

ボランティア活動を始めてしばらくして、ある事件が起こった。それは、路上生活者が具合が悪いということでボランティアが救急車を呼んだところ、乗車拒否に遭い、その後、その路上生活者が死亡してしまうという出来事であった。

救急隊員が乗車拒否をした理由について、いくつかの理由が考えられる。たとえば、お酒に酔っていたから搬送先の病院で暴れられる恐れがある、住所不定なので入院費等の支払いができない、そもそも路上生活者を受け入れてくれる病院がない等々、である。あるいは、規則で路上生活者の搬送は慎重になるようになどという文言があったのかもしれない。いずれにしても、路上生活者のためにボランティアが呼んだ救急車に乗せられることなく、その路上生活者は死を迎えたのである。

このことは当時の私にはたいへんショックだった。たまたまそのとき毎日のように昭和天皇の動静が逐一、血圧から下血の量、体温の状況までニュースに流されており、同じ人間であるにもかかわらず、一方では死ななければならない理由がぽっかりと宙に浮いているように見えた。たぶん、私だけではなく、釜ヶ崎でボランティアをしていた他の人びとは同じような思いでそのニュースを聞いていたのではないだろうか。

その後、食肉の格付けの仕事を辞めた。そのホームレスのおっちゃんの死を自分なりに考えての決断であった。そのとき、小学校の「道徳」の授業を思い出した。その道徳の教科書には「人の命は地球より重い」と書いてあった。そして、大きな天秤の絵があり、片方に人間が乗っていて、もう片方には地球が乗っていた。そして、人間のほうが下になっていた。つまり、人間の命のほうが地球よりも重い。

その絵を思い出し、それではなぜ、自分がいまいる釜ヶ崎では路上生活者が救急車の乗車拒否に遭い、死ななければならなかったのか？　どうすれば彼の命を救うことができたのか？　自分がいましている食肉の格付けのように、人間の命も誰かによって格付けされてしまうのか？

いろいろな疑問がわいてきてしまった。とてもじゃないが、そんなわけの分からない社会では生きたくない、自分なりの答えを求めていきたいと思った。そして、社会福祉という学問の中にその答えがあるのではないかと思い、社会福祉が学べる学校選びを始めた。

†制度ありきの講義

大学では酪農学を学んでいたので、ゼロから社会福祉を学んでみたかった。しかし、お金もほとんどないので、学費が安く、そして、できれば仕事をしながら学べる学校はないかと調べてみたら、一つだけあった。それは、あるカトリック系の大学の中にある夜間の専門学校であった。場所は東京の四ツ谷駅だった。迷わず、そこの学校に行くことにした。そして、昼間は当時、お茶の水にあった社団法人日本医師会でアルバイトをすることになった。

しかし、学び始めてしばらくしたら、自分が考えていたような学びができないということを知った。当然と言えば当然であるが、学校では、社会福祉の制度・政策を中心に学ぶ講義が多かった。また、社会福祉施設の施設長等の講義もあって、それなりに満足する内容ではあったが、私が心の叫びとして一番求めていた、路上生活者をどのように救えばいいのか、という問いに対する答えを誰も教えてはくれなかった。そのような問いを発することさえタブーに思われた。

また、講義では、「もっと国が社会福祉行政を担うべきだ」という意見が多かったように思う。もちろん、国がすべてをやればそれにこしたことはないが、もし、国がそれをできないのであれば、どのようにしてそのことをすれば良いのか、助成金をもらってその枠の中で福祉サービスをするのではなくて、サービス利用者にとって満足のいくサービスをするためには、行政に頼らなくてもできる方法はないのか？　それが私の知りたいことであった。

唯一、「ボランティア」に関する講義が私の知りたいことを教えてくれていたが、最後の結論は、経済的に厳しい、もっと行政は補助金を出すべきとあった。しかし、今にして思えば、当時の夜間の専門学校二年制の学びではそれが限界であったのかもしれない。

†一九八〇年代当時の福祉改革

私が学んでいた当時（一九八八年）の社会福祉の状況はどうなっていたのかというと、一九八二年に制定した老人保健法では、老人福祉法から保健と医療分野を独立させ、高齢者の一部負担を復活させた。そして、一九八六年の老人保健法改正では、病院と特別養護老人ホームの中間に位置づけられる老人保健施設を創設し、併せて老人福祉法の老人医療費支給制度を廃止するという目的をもって制定されている。つまり、医療保険財政を改善し、国や地方自治体の財政負担を軽減しようとする施策である（右田他、一九七七）。

この時期にはこのような社会福祉における行財政改革を推進するために必要な制度・政

策というものが次々と成立している。この背景には、一九七三年のオイル・ショック以降、景気後退の中、インフレ、失業者の増加、財政危機という状況に日本は陥ることになり、経済成長が一転して低成長時代に入ることになったことが影響している。そして、社会福祉の充実という考えは、インフレの引き金、財政危機の原因、民間活力減退につながるという考えや来《きた》る高齢化社会に対する危機感が大勢を占めることになり、声高に「福祉見直し論」が叫ばれるようになり、これが後の「日本型福祉社会」の考え方につながることになったのである。

中央政府では「増税なき財政改革」が言われ、地方自治体では「福祉ばらまき」が批判をされるようになる。「福祉見直し論」の基本的な考えは、個々人の自助努力を第一に考え、家庭や家族による安全保障のシステムを評価すべきであり、同様にそれぞれの企業での厚生福祉の充実と地域における相互扶助の活用も大切であるとしている。そして、これらの安全保障システムが機能しなくなったときにはじめて、その補完として社会保障システムを活用されるというものである（野本、一九九八）。つまり、政府と自治体が公的責任を持つ福祉国家ではなく、個人や家族や地域での相互扶助を基本にした「日本型福祉社会」を目指すことにしたのである。また、民間活力を最大限に生かし、市場システムを活用することで国家の福祉予算を増大させないようにした。一九七九年には、経済審議会答申「経済七か年計画」が策定され、「日本型福祉社会」が強調されることになった。

当時、私が学んでいた専門学校の講師陣は、このような社会福祉の中で社会福祉の実践者として働いていた人が多かったため、なおさら、「国や自治体が社会福祉に対する責任を取るべきだ」というような講義が多かったのかもしれない。

しかし、時代は、その後も福祉改革を進め、一九八九年「高齢者保健福祉推進一〇か年戦略」(「ゴールドプラン」)が策定され、在宅福祉を中心とする高齢者福祉の実現の具体的数値を示した。この背景には、一九八九年に消費税三%が導入されたことも影響している。一九九〇年に老人福祉法等の一部を改正する法律(福祉八法改正)が制定、一九九三年四月から、市区町村における在宅、施設福祉の保健、福祉サービスの一元化体制が整うことになった。一九九四年には子育て支援の「エンゼルプラン」と「新ゴールドプラン」が策定され、一九九五年には「精神保健及び精神障害者福祉に関する法律」が制定されるとともに「障害者プラン」が策定されている。

このように、一九八〇年代の福祉改革の流れには、社会福祉の①多元化、②分権化、③計画化、④総合化、⑤地域化、といった特徴を挙げることができる。しかし、それには二面性があることを指摘することができる（右田他、一九七七）。たとえば、多元化は、福祉サービスの提供と利用における自由度を高め、その一般化・普遍化に貢献はしているが、その反面において個人・家族・集団・地域社会による自助努力や民間活力の活用を強調するという、前述した「日本型福祉社会」への転換を意味している。

また、社会福祉の分権化は、福祉サービスの提供に関わる諸権限の市区町村への移譲であり、福祉サービス利用者の生活にもっとも近く、その実態が分かるという点では評価できるが、一方で、地方自治体の財政負担を拡大する可能性もある。社会福祉の地域化も同様であり、自立生活の指向は、利用者による自助努力の拡大と家族や地域による介護や介助に対する負担増を招く恐れがある。社会福祉の計画化についても、計画的対応という建前による支出の抑制や施策優先度の不均衡をもたらす可能性もある。

さらに、二〇〇〇年には、社会福祉事業法が改正され、福祉事業への民間企業の参入を予定した社会福祉法になった。また、「公的介護保険法」も制定されたが、家族が主な介護の担い手であり、民間や公的な介護サービスはその補完であるという「日本型福祉社会」の理念が見え隠れしているように思う。

2　福祉の現場で見たもの

†障害者福祉の現場へ！

専門学校を卒業後、厚生省（現・厚生労働省）の職員として知的障害者福祉の分野で働くことになった。国家公務員であるので、社会福祉施設ではあったが、四週八休が守られていたし、給与も夜勤をすれば夜勤手当が付き、休日勤務をすれば、休日手当が付いていた。働く者としては、最高の待遇を得ていた。しかし、そこで生活をしている知的障害の人たちにとってはどうなのだろうか、ということを思うようになった。

施設で生活をしている人にとっては、ローテーションで職員が出入りをし、職員数が少ない朝と夜は職員にとって管理しやすい体制に置かれてしまう。また、ボランティアや実習生なども短期間で入れ替わり立ち代わり入るような生活である。たとえば、自分が家に帰ってみると、見知らぬ人がいて「こんにちは」と話しかけてくるような状況を思い浮かべてみたらどうだろう。落ち着いて生活をすることができるだろうか?

また、当時、勤務していた施設は知的障害児施設ではあったが、実際には、二〇代から四〇代までの知的障害者も入所していた。児童施設にどうして二〇歳を超えた「大人」がいるのか、みなさんは不思議に思うかもしれない。しかし、たとえば、二〇歳になったからすぐに大人の施設に行ってくださいと言っても、どこの福祉施設も定員が一杯なので、空きがあるまで待っていてくださいということになる。したがって、大人になったからすぐにここを出て行ってくださいというわけにもいかずに、児童施設にそのままとどまることになる。このように、制度はあってもその運用がされていない現実がある。

しかし、知的障害児施設で働いて、一番良かったと思うのは、知的障害の子どもを持つ親御さんから悩み相談にも似た話を詳しく聞けたことである。知的障害を持つ子どもを抱え、いかにたいへんだったかという話である。それだけではなく、わが子を守るために自分たちがどのように国や自治体に働きかけていったのかという話も同時に伺うことができた。本当に障害を持つ親の力の偉大さを、現場から直《じか》に学べたことは、いまの福祉を考える上で力となっている。

これは、私の現場経験だけの話ではない。たとえば、わが国における障害者福祉の歴史においても、一九五二年に三人の知的障害を持つ子どもの母親が子どもの幸せを願い、教育、福祉、就労などの施策の整備、充実を求めて、仲間の親・関係者・市民に呼びかけたことをきっかけに「精神薄弱者育成会」（手をつなぐ親の会、その後一九九五年から「全日本手をつなぐ育成会」と改称）が発足し、豊かで安心な地域生活を実現するため、親・家族の立場から検討・研究し、政府や行政機関等に参加・提言するなどの活動を行っている。

また、一九五七年には、東京都大田区の矢口保育園で、約四〇名が集まり、脳性麻痺患者同士の交流や生活訓練、社会への問題提起などを目的とした「青い芝の会」が発足し、障害者福祉や賃金、生活保護などの問題で、厚生省などの官公庁、自民党、社会党など各政党への陳情や交渉を行うようになった。

このように、障害者福祉分野においては、当事者運動や家族、ボランティア団体や国際的な影響から障害者福祉の進展が見られる場合が多い。つまり当事者の要求やニーズの突き上げによって福祉の制度が改められ、現場に新風をもたらすことがしばしばある。国際的な影響としては、たとえば、一九七六年に国連総会が採択した一九八一年の国際障害者年とその後の障害者の一〇年について日本政府は積極的に取り組んでいることや、一九八二年には総理大臣を本部長とする国際障害者年推進本部が設立され、「障害者対策に関する長期計画」が策定され、その中で「完全参加と平等」が言われ、一九七〇年代の施設入所よりも地域に根ざした生活の支援が強調されていることからも明らかである。

しかし同時に、地域生活が強調されているにもかかわらず、依然として障害者施設に入所をしている障害者も多くいることからも、厳しい現実が分かる。

いずれにしても、自分が社会福祉を学ぶきっかけになった、自分が本当にしたかった、あの釜ヶ崎で出会ったホームレスのおっちゃんを救うような活動をすることがこの仕事を続けていて果たしてできるのだろうか、と考えるようになった。そして、きちんと社会福祉を学びたいという気持ちがいっそう増してきた。

巨大な「福祉施設」としての横浜寿町

公務員を退職後、二九歳という年齢の自身の先行きが不安な中、大学院に進学する決断を下した。大学院は専修大学大学院を選んだ。私は、社会事業史研究の専門家である宇都榮子教授のもとで、本書第4章でも取り上げた「横浜市寿町における福祉政策の現状と課題」というテーマでフィールドワークをしながら修士論文を作成した。

実際に、横浜市寿町を訪れ、インタビュー調査などを行い、どのようにして人びとはドヤ街であった寿町に来るようになったのか、そして現在の福祉の状況と今後の課題は何かを明らかにしていった。

もともとは、港湾労働者の町として活気のある寿町ではあったが、その当時は、不景気のあおりを受けて、仕事はなく、町全体が巨大な「福祉施設」としての姿に変貌を遂げようとしていた。これはあくまでも横浜市寿町というある一つの町の出来事だけではなくて、将来の日本の姿をも表しているのではないか、と思われた。

当然のことながら、十分な論文ではなかったかもしれないが、この研究を通して、いかに仕事に就くこと、すなわち就労が大切であるのか、そして何らかの障害（身体、知的、精神）を負ってしまっている人たちは、社会状況の影響をいかに直に受けてしまうかを知ることができた。

必ずしも社会福祉制度というものが、そのような現実に対して十分な支援ができていないという状況も併せて知ることができた。たとえば、生活保護という制度は、「最後の砦」としての機能を有している。だから、一度、生活保護を受給するようになると、なかなか生活保護から脱却して自立することは難しくなる。

†生活保護の前に自立支援を

生活保護を受ける前に、その人の人生のどこかの時点で、その人の自立支援ができるならば、その人は、生活保護を受給しなくてもよくなる。しかし、現在の生活保護制度は、まだまだ「最後の砦」であり、貧困層に陥りそうな状態を防ぐ機能よりも、すでに貧困層に陥ってしまった人びとの最低限の生活を維持する機能の面が強い。

その人の自立支援というものは、社会福祉制度だけで行うものではなくて、医療、教育、労働あらゆる面に及ぶことになる。自分が受ける行政サービスによって窓口が異なり、手続きを終えるまでに、半日や一日かかることもあるのである。

このことからも分かるように、その人にとっての社会における自立支援というものは、本来は、総合的な支援にならなくてはならないが、実際は、その人の支援を総合的に見るというよりも、福祉は福祉、医療は医療、教育は教育というふうに、ぶつ切りで見てしまうことになる。二〇年近く前に私の書いた修士論文でも、保健、医療、福祉、教育、労働等の縦割り行政ではなく、一つの窓口で総合的な自立支援サービスを受けることができるようなシステムの構築を提示しているが、二〇年近くたった現在においてもそのことが実

現していると は言い難い。

たとえば、最近でも福祉制度の問題、とりわけ生活保護の不正受給問題が世間をにぎわせた。「女性セブン」(小学館)二〇一二年四月二六日号に「年収五〇〇〇万円 超人気芸人『母に生活保護』の仰天の言い分」という記事が掲載され、それが関西のお笑い芸人・次長課長の河本準一氏であることが分かった。この問題は、広く社会一般にも知られることになり、同年五月二五日に河本氏は、謝罪記者会見を開くことになった。そして、母親が受け取った生活保護については、一部を返納した。

なぜ、五〇〇〇万円もの年収がある河本氏の母親が生活保護を受けることができたのか不思議に思う人は多かったに違いない。その後、さまざまな場面で、「生活保護の不正受給」に関する話題がマスコミ等で大きく取り上げられたことは、読者の方々の記憶に新しいだろう。

†社会福祉と財政難

しかし、その一方で、以下のような指摘もあった。中里憲保氏は『壊れた福祉』(二〇〇八)という本の中で、生活保護行政についてこう述べている。

生活保護行政の箇所では、生活保護費の徹底削減を目指す国は、北九州市を生活保護切り捨ての実験場とし、同市のやり方が成功したら、これを国のモデルとして全国に広げようと考えたのである。その方式とは、「生活保護申請の交付は月五枚まで。廃止は年五本」というノルマを、職員に課すことだった。この方針により、北九州市は一九九七年度を境に、政令指定都市の中でただ一市だけ、決算ベースで見た生活保護費が下がっている。五二歳の男性が餓死した背景には、この「北九州市方式」があったことは否定できないのではないか。

このような社会福祉制度における締め付けが起こる理由の一つに、社会福祉事業に関わる〝財政〟の問題を挙げることができる。社会福祉事業の費用は、基本的には公費で負担されている。ここで言っている「基本的には」という意味は、かかる費用のうち、一部は利用者からの一部負担金もしくは費用徴収が行われている。また、民間の社会福祉事業では、共同募金などの寄付金、競馬、競輪、オートレース等の公営競技益金の補助金、助成団体からの助成金なども活用されてはいるが、その金額は公的資金に比べると規模ははるかに小さい。

したがって、私たちが受けることのできる社会福祉サービスというものは財政と非常に密接に関係している。二〇〇三年以降には、三位一体改革が実施され、一部の経費について国の補助金や負担金が廃止され地方自治体が全額負担することになるなど、国と地方の財政関係について従来とは異なる構造的な改革が行われ、社会福祉もその影響下におかれることになった（坂田、二〇〇〇）。

現在、地方公共団体の財政は、富裕自治体でも財政難と言われている。二〇〇四（平成一六）年末において、地方債現在高（借金）は二〇四兆円であり、市町村の財政格差も顕著である。財政力指数（地方公共団体の財政力を表す指数）が、一・〇以上から〇・三未満の市町村があり、財政格差が著しい（山田他、二〇一〇）。このような状況の中で何が起きるのだろうか。まず、財政力の弱い地方公共団体は、赤字体制を改革するために動き出す。ある場合には、それは「財政面」での切り詰めを行うことになる。俗に言う「福祉切り捨て」という方策である。

社会保障制度体系の再構築が進められる中で、公的責任の範囲を限定する動きと連動して、各種社会福祉事業の民間への委託や福祉サービスの有料化の流れが強まったり、あるいは、公私関係の見直しや市場サービスの評価などとともに、中央政府と地方公共団体の政府間関係が見直されたりするなども、福祉切り捨ての方向性の一つである（河合、二〇一二）。

つまり、私たちを取り巻く社会福祉諸法というものは、以下のようにも言える。すなわち、社会福祉諸法に対して私たち一人一人が持ち続けているある通則的理念や社会福祉サービスというものは、国や地方公共団体の財政面と密接に関係している。そのため、時にはそのサービスが著しく制限されてしまうこともある。現在、新聞紙上を賑わすさまざまな社会福祉に関する事件や事故の背景には、このことが少なからず関係している。

そのことを思うとき、私たちを取り巻いている社会福祉の法律や制度というものは、もはや私たちを守るべきものではなくて、ある場合には私たちの権利を侵害してしまう恐ろしい〝怪物〟へと変化する場合があることに気づかされる。

†反目の実践

私は大学院を修了したのち、日本有数の福祉事業団を創設した長谷川保氏が創立した聖隷クリストファー看護大学の教員になった。この頃、長谷川氏のことや滋賀県の知的障害者施設の創始者である福井達雨《たつう》氏の実践活動について研究を行っていた。理由としては、長谷川、福井両氏の福祉実践活動というものは、当初の頃は、国はもちろん、社会の人びとからもほとんど理解されることがなかったからだ。

たとえば、長谷川保氏の場合は、一九三〇年重症の肺結核の青年を受け入れたことをきっかけに、「ベテルホーム」という重症の結核患者の収容施設を設立するも、地元民からは、「ベテルホーム」からの生活排水が川を汚染する恐れがあるとか、土地のイメージが悪くなって地価が下がるという理由などから迫害が起こるようになる。その迫害は、天皇陛下から特別御賜金を受ける一九三九年まで続くことになった。

また、福井達雨氏の場合は、自身が障害者施設で働いた経験を通して、当時の障害者施設のシステムは軽度中心のプログラムになっていて、その中で少数派の重度の子どもたちが見捨てられてしまっていた現実を知り、重度の知的障害の子どもの施設「止揚学園」を創立することになった。

その後、福井氏は、日本ではじめて教育権運動を起こし、重度の知的障害の子どもたちを集団で町の小学校や中学校に通学させることになった。そのため、一九七九年に実施された「養護学校義務制」実施に対して、反対運動を展開することになり、子どもたちを養護学校に通わせないという強硬手段に出ることにもなった。これは多くの障害者団体、教育団体からの反対に遭うことになった。

しかし、そのような状況の中でも、両氏は自分の信念を曲げることなく、長谷川氏は結核患者のために、福井氏は知的障害者のために福祉実践活動を行っていたのである。たとえば、長谷川保氏は、制度に先駆けて、日本ではじめての老人ホーム、ホスピス、介護福祉専門学校を設立している。

また、福井達雨氏は、制度が決める知的障害者と職員数では十分なケアができないという理由で、補助金が出なくても自らの募金活動や講演や書籍等の販売等により、十分な職員数を確保して、マンツーマンに近いかたちで知的障害者の生活を守り続けている。そして、最終的には、彼らの実践というものは、国や社会からも認められるようになり、現在では、社会福祉実践の貴重なモデルケースとして日本国内はもちろん、世界からも注目をされている。

†福祉の制度が守ってくれないときに――実践の重要性

二人の偉大な社会福祉実践者から私が考えさせられたことは、私たちを取り巻く社会福祉の法律や制度が私たちを守ってくれない場合には、私たちは何をすればよいのだろうかという点である。すなわち反福祉論の発想の実践面をこの頃、考え始めていたことになる。当然考えられるのは、このような弱者切り捨ての流れに対して勇敢に反対をしていくことである。このことは、必要不可欠であると言える。

しかし、そこにはある種の疑問も残る。それは、私たちが必要に応じて社会福祉サービスを受けるという当然の権利が侵害されたときには、そのことが回復をするまで待っていなくてはならないのかという問いである。ある場合には、それは長期間を要することも考えられる。しかし、時には私たちの生命にも関わる問題にもなりかねない社会福祉の問題に対して、必ずしもそれは有効であるとは言えない。

私は、まだ、現在のような国や自治体の社会福祉制度が整備されていない頃の社会福祉事業史の観点から、国や地方自治体の福祉制度・政策では救済が難しいマイノリティの人びとを救うための方法というものについて考察をしていきたいと思う。

これまで見てきたように、日本における社会福祉制度というものは、第二次世界大戦後に整備されてきた。それでは、法整備がされる以前はどのような状況だったのだろうか。

たとえば、日本における近代化は明治維新から始まったと考えられているが、明治七（一八七四）年には、日本で最初の国家的救済制度として「恤救規則《じゅつきゅうきそく》」が制定される。恤救規則とは難しい用語であるが、簡単に言うと、「困ったときは自分自身かあるいは、近隣同士で何とかしなさい」という意味である。

そして、内容はどのようなものであったのかというと、前文に「済貧恤救ハ人民相互ノ情誼ニ因テ其方法ヲ設ヘキ筈」とあり、救済の責任をまず国民相互に求めている。その上でやむを得ない場合に限り、救済の対象とするものであった。対象者は独身の高齢者、障害者、病者、児童に限定されていた。こうした不十分な内容では貧困問題に対応することは困難であった。このような公的救済制度が不十分な状況の中で、出てきたのがキリスト教徒や仏教徒を中心とする民間社会事業活動であった。

たとえば、宮崎県の高島藩の下級武士の子として生まれた石井十次《じゅうじ》は、苦労をしながら岡山甲種医学校に入学し、医学を志すも一八八七（明治二〇）年に一人の孤児を預かり、九月には「岡山孤児院」を設立する。一九〇六（明治三九）年に東北地方を大飢饉が襲い、東北地方三〇〇万人のうち、約一〇〇万人が飢饉の中で苦しんだときに、岡山孤児院は一二〇〇人の子どもたちを受け入れた。彼は亡くなるまでに二〇〇〇人を超える子どもたちを養育した。現在のような補助金制度がない時代に、財産のない民間のキリスト者が寄付金に頼り、あるいは金策に苦慮しながら施設を創設し運営していたのである。

また、長野県上田市は、日本で最初にホームヘルプサービスを始めたところであるが、それはボランタリー精神に富んだ一人の女性の活動から始まっている。子どもの面倒をみたり、孤独な高齢者の話し相手や身体の不自由な人の身の回りの世話などをしていたことがきっかけになり、このような奉仕活動を行う「家庭養護婦派遣事業」の組織化へと動き出した。

これに対して民間社会福祉団体の社会福祉協議会が軸となり、上田市に働きかけ、行政もこれに対応するかたちで制度化されることになったのである。一人の女性のボランタリー精神に端を発した奉仕活動が行政を動かし、制度としてのホームヘルプサービスが誕生したのである。

このように、わが国の社会福祉の歴史を見ていく中で、社会福祉の実践というものは、有名無名を問わず、あるいは団体・組織等の有無を問わず、そのような実践活動が積み重ねられて、大きな力となって、行政がそのことの重要性を認識して、制度・政策に反映されるようになってきたのである。言葉を換えるならば、既存の公的な福祉制度の枠を超える戦い（実践活動）を行い、その戦いによって既存の公的な福祉制度の枠を広げてきたのである。

このようなことを考えているちょうどそのとき、一九九八年三月一九日、「特定非営利活動促進法」（NPO法）が全会一致で可決成立した。私はこのNPOというものが社会を変える一つのきっかけになるのではないか、ということを現場から考え始めるようになった。

†公的サービスを受容するだけでよいのか

二〇〇六年からは、知的障害者の就労支援についての研究を行っていた。横浜寿町や知的障害者施設での経験や、「失業」という出来事を通していかに多くの人びとが貧困に陥ってしまうのか、中でも何らかの障害を負っている人びとはいかにその影響を直接受けてしまうか、という現実を間近に知ることとなる。

憲法の第二五条に「①すべて国民は、健康で文化的な最低限度の生活を営む権利を有する。②国は、すべての生活部面について、社会福祉、社会保障及び公衆衛生の向上及び増進に努めなければならない」という件《くだり》がある。社会福祉は国民の権利として国が保障すべきであるという考え方である。つまり、自分で自分のことを何とかする「自助」やお互いに助け合う「互助」というものは限界があり、個人的努力では解決できない社会問題の矛盾を公的サービスが中心となって解決することが社会福祉であるという考えである。

実際に、一九五七年には、朝日茂氏が国の生活保護制度が日本国憲法第二五条の生存権を保障していないとして厚生大臣（当時）に対して不服申し立ての裁判を起こした。結果は、一九六〇年の地裁判決では厚生省の保護基準が憲法で保障する最低限度の生活水準を満たしていないとして、朝日氏の請求を認めたが、一九六三年の高裁では、一審判決を覆し、保護水準は厚生大臣の裁量によるとした。そして、一九六七年の最高裁判所の判決は、朝日氏の死亡のため訴えを退けている。

この朝日氏の起こした裁判は社会にも多大な影響を与え、「朝日訴訟」、「人間裁判」とも呼ばれた。裁判では敗れはしたが、生活保護基準額は引き上げられ、障害加算なども新設されるようになった。このことからも現在に至るまで社会福祉というものを国や自治体の責任とする意見が多い。そのことに異論はない。

しかし、国をはじめとする公的サービスにも限界がある。一つは財源の問題である。増大する社会保障費をさらに充実させるためには、さらに税金を投入することが結果として求められる。そして、無駄を省かなければならない。無駄をなくすということは福祉切り捨てという考えではなくて、本当に必要な人だけが福祉サービスを受けるということである。必要な人に必要なだけの福祉サービスを提供することは、理論的には間違いとはいえない。

たとえば、現在の民間社会福祉事業団体等の活動を見てみると、その経費の大部分は政府からの委託費収入に依存をしていることが分かる。当然、委託費は政府から無条件で支払われるものではなく、委託された業務と財務内容について政府の監督と干渉を受けることになる。具体的には、福祉利用者に対する経費が政府から団体等に支払われ、福祉利用者に対する支援方法についての指導を政府から受ける仕組みになっている。

このことから、すでに日本には民間社会福祉事業団体等は存在しないと言うつもりはない。だが、民間社会福祉団体が、団体としての働きを積極的に展開していかないならば、いつしかそれは政府によって「サポートをされる、さらにコントロールをされる危険性」があることは否定できない。

ニーズが発見されると、民間社会福祉団体はそれにケアとして対応し、ニーズを代弁して社会に向かって訴える。社会がそれを制度化すると、その制度のもとで委託を受けたり、その制度を批判したりして、さらに新しいニーズに応えていくという動的な運動過程が民間社会福祉団体の生命であることを忘れてはならない。

また、私たち個人も、社会福祉サービスは政府がやってくれるもので、私たちは受ける一方でいいのだというような、受け身型の福祉受容者になってはならない。私たち自らが主体的に自分たちの身の回りに起こるさまざまな社会福祉に関するニーズを掘り当て、自分のできる範囲で問題解決に当たっていくという積極的な主体者としての生き方が求められる。

†自助・共助の仕掛け

私たちを取り巻く社会福祉制度というものは、本来ならば、私たちを守るものであるはずである。だが、社会福祉に対する人びとのネガティブなイメージや財政面によって、社会福祉サービスが適切に供給されない場合がある。それはあたかも、私たちを守る制度が反対に私たちを縛ってしまうようなものである。

しかし、そのような場合に、ただ自分の不幸を嘆くのではなく、自分自身で、自分の身を守り（自助）、自分と同様の問題で苦しんでいる人びとと連携・協力することで（共助）、既存の制度では満たされないニーズというものを満たしていくための実践活動をしていくかなくてはならない。その積み重ねによってこそ、はじめて効果的な公的サービス（公助）というものを引き出すことができるのではないかと考える。すなわち、福祉制度の周辺にソーシャルセーフティーネットを張り巡らすことによって、公助が期待できない場合でも福祉制度に替わる社会保障と同等の質を保障することが可能になる。

そのためには、公的サービス以外のインフォーマルサービスの充実がとくに求められると考える。そのことが、自助、共助を量的にも質的にも高めることにつながる。私が専門とする「ボランティア」、「NPO（非営利組織）」、「CSR（企業の社会貢献活動）」といった公助の限界の中で「自助」「共助」の仕掛けを積極的に活用することが求められるのである。このことは、私が東日本大震災を経験してからとくに強く感じるようになった。

今回の東日本大震災の出来事を振り返るときに、国をはじめとする公的機関の対応が遅れたということを言う人がいる。たしかにそういう側面があったことは否定しない。しかし、国、県、市の対応が遅れたからといって人びとは何もしなかったのではない。人びとは自分自身で何とかしようとしたのである。そして、自分自身を助けてくれる人たちがいたのである。私自身も、パニック状態の中で町をぼんやり歩いているときに、いい匂いがして、そちらのほうに行ってみると居酒屋さんの前でカレーライスを売っていた。五〇〇円でカレーを買い、食べながらしばらく店員さんと話をした。

その中で、私は、二日前に名古屋から仙台に引っ越してきたこと、誰も知り合いがいなく、どうしていいのか分からないことなどを話した。黙って聞いてくれたその若い店員は、店の中から水を入れた二リットルのペットボトル二本と板チョコを持って来てくれた。私がお金を払おうとすると、「いいよ。お互いにがんばりましょう」と言ってくれた。

私は涙を流しながらその板チョコと水を飲んだ。全く見ず知らずの私に水とチョコをくれたことに本当に感謝した。「困ったときは、お互いさま」という言葉のすごさを感じた。人びとは何か問題に遭遇したときに、まず自分自身で何とかしようとする、そして、それが無理なときには、お互いに助け合う、そして、個人や隣人だけではどうしようもないときには公的なサービスを受けるのである。

当然のことであるが、病気や怪我、障害等の理由により、自分自身で何とかすることができない、お互いに助け合うことができないという人は、優先的に公的サービスを受けられるのは言うまでもない。しかし、制度として公的サービスが十分ではない、あるいは、サービス自体がないときはどうすればよいのか？　そのときには、やはり、自分自身で何とかする、お互いに助け合うなどの公的サービス以外の方法で自分の置かれた状況を改善していくしか方法がないのではないだろうか。

第７章
生きられた法
——法外世界の豊饒な議論へ

ボブ・グレアム作『わたしたちのてんごくバス』（さ・え・ら書房）表紙

本書の「反福祉論」とは、福祉そのものを全面否定しているのではなく、福祉の概念や実態をもう少し広くとることで、福祉の内実を豊饒にすることに狙いがある。すなわち、人びとの福祉的行為をこれまでの福祉「制度」や福祉「施設」に閉じ込められたものに固執せずに見てみることで、福祉の持つ本来の意味について考えてみようというのである。

もともとが外来語である「福祉」という概念は、「憲法」や「社会」などの言葉同様に語感からして頭にすんなり入ってこない。それゆえ専門性を高める結果につながったようにも思える。

本書で取り上げてきた実例や考え方は、頭デッカチの大文字の福祉ではなく、法制度から端《はな》から見放された人びと、あるいは当面、法制度の庇護を見込めない人びとについてである。その意味で、法の外側にある存在する人びとなのである。そのような人びとが自助共助してできあがったものを「生きられた法」と呼ぶ(金菱、二〇〇八)。

1　アジールとホモ・サケルの交差するところ

†「てんごくバス」

「生きられた法」とは何か。子ども向けの絵本に『わたしたちのてんごくバス』（ボブ・グレアム著、二〇一三）というものがある。ある日、町の中に「てんごく」行きのバスが捨てられていた。放置バスの影響で渋滞が生じてしまった。小学生の女の子ステラは、ゴミや空き缶だらけのバスの中を見て、「このバス……わたしたちのバスになるかも」とつぶやく。

彼女の家の庭にバスを移動させたが、前方が公道にはみ出していた。つまり違法駐車である。ところがステラは、「バスはここにおいてもらうわ。それが、わたしのきまりよ」と父親に明言する。その後子どもたちの遊び場になり、大人たちも掃除を始めピカピカに磨きあげ、音楽の演奏やダンス、おしゃべりの場所など、まさしくみんなのバスになる。

しかし、ある日レッカー車が放置バスを法律にもとづいてスクラップ置き場に運びこんでしまった。規則違反をかざす大人に対して、ステラはサッカーゲームを大人にもちかけ、負ければバスを返却してもらう約束を取り付ける。結果は彼女の勝ちになるのだが、ステラがバスにこだわった理由は、古いエンジンの上にスズメが巣を作って卵が孵りそうだったからである。そして裏の空き地に移動させたバスを取り囲んで、みんなは楽しく踊ったのである。

長年まちづくりに携わってきた延藤安弘は、トラブルを生のドラマに変える子どもたちの想像力としてこの本を重ね合わせている（延藤、二〇一三）。大人が知らず知らずのうちに従っている規則に対して、子どもの状況にふさわしい下からの調整がわたしのきまり（"my regulation"）なのである。このわたしのきまりが「生きられた法」に相当する。生きられた法は、いわば違法なものや廃棄物として処分されるカオスを徹底的に利用することで、規則に縛られていてそれまで私たちが考えもしなかった「世界の使い方」を再提示する。

この「世界の使い方」について、建築家の坂口恭平はたいへんユニークなアプローチをとっている（坂口、二〇一二）。彼はホームレスの人をフィールドワークする中で、なぜホームレス以外の人びとは、お金を使って、コンクリート基礎の上に、三五年ものローンで家を建てるのかと、建築家らしからぬ疑問を呈する。そしてそれとは真逆の隅田川周辺に暮らす路上生活者の人からさまざまなことを「発見」する。住人いわく、畳一枚ほどの自分の空間を指して、「この家は寝室にすぎないから」と言う。

隅田公園で本を読んだり、トイレも水道も公園の水を使い、食事はスーパーマーケットの掃除をしたついでに肉や野菜をもらう。そこの住人は、東京という都市を徹底的に利用し尽くすことで、現代人のような家という建築にすべてを詰め込むような発想をそもそもとらない。

ホームレスの代名詞とでも言えるブルーシートはどこからやってくるのか。じつは、隅田川の花火大会で大量に不要となる観覧シートを手に入れている。ここでの発想は、ないからゼロではなく、ないのであるならば自ら作り出せばよいという逆転の思考法なのである。我々の世界で廃棄物と呼んでいるゴミは、ホームレスの人にとって材料獲得の資源となる。しかもそれはお金を必要としない。いやお金を絶対かけられない。

ここに従来の福祉との分水嶺がある。つまり、ホームレスの人にとってはお金がなく家がないという状況は、命に係わる問題なのであるが、それを政府が悪いと行政に文句を言って正そうとしたところですぐにどうなる問題でもない。そのように言っているあいだに、自らの命をつなぐ福利厚生を自ら考えださない限り、それはすなわち自らの死に直結する課題となる。裏を返せば、福祉という制度から投げ出された人びとの工夫である「生きられた法」は、裏の福祉のあり方そのものなのである。

†アジール（法外「庇護」）論

本書に表れている反福祉論の思想は、福祉における法秩序の構造的支配の見方と、法秩序の外側での抵抗的構築の見方とを、どちらか一方ではなく、ともに重要と捉えてその両者を超克するものとして捉えるものである。

なぜ今日、法の外側の世界が問題となるのか。それは、法支配そのものに対する懐疑の拡がりと法外世界がいまや近代国民国家のすきまに深く浸透し、普遍的な実態になりつつあるからである。たとえば、世界における数千万人とも言われる大規模な難民の現出は、法外世界が例外的な状態にとどまらないことを端的に示している。これは、単に法外世界を法世界の周辺に広がっている特異な現象として分類し考えるだけでは、理論としても現実としても不十分であることを物語っている。

むしろ、近代国家の中で例外的な状態が普通に現れる状況であるのならば、それは法の外側の世界をベースに近代国民国家が成り立っていることになる。これは国家論における「パラダイム転換」を意味する。とりわけ福祉の現状を考えた場合、高福祉の理念を追求しながらも、超高齢化と少子化という前人未到の状況を迎えつつあり、国家予算の規模からいっても結果として高福祉を断念せざるをえない。そのために、法の外側における「常態」世界の可能性と展開を示すことが、以前にもまして重要性を帯びてきていると言えるだろう。

これまでに法外世界の中身に迫った理論的立場は、大きく分けて二つある。一つは、法外「庇護」論である。それは、世俗の法の適用を受けない聖なる領域（避難所）を指す。とりわけこの観点からの指摘として網野善彦による「アジール」論がある。アジールは第3章でも沖出しの避難の場所として取り上げたように、もともと不侵入を表すギリシャ語に由来し、聖域や避難所を指す言葉である。彼は、中世の史実を繙く中で、寺院や森、家や屋敷などに逃げ込めば、世俗の権力や抑圧が及ばず生命や身の安全が保障されることを明らかにした（網野、一九九六）。

また、ドイツ中世史研究者の阿部謹也は、教会の戸を破って侵入し、墓地の垣根を越えることに何の障害がないにもかかわらず、アジールが保護所として機能を果たしたのは、民衆のあいだにアジールを畏敬する感情の絆が結ばれていたに違いないと指摘している（阿部、一九七八）。

こうした法の外側に拡がるアジールの場が、世俗の主従関係や私的隷属関係の下にいる有縁の人びとと異なった秩序原理に従って、諸国を遍歴する「無縁」の人びとが拠り所にする「公界」であったとする網野の推定は、単に他者と出会う「聖域」論にとどまらず、中世史の中では文化的経済的発展の原動力としての活力のある場としての重要な役割が込められている。

ただ惜しむべきことに網野は、近代化の進展の段階でアジール的空間は次第に喪失していき、子どもたちの「遊び」の中に痕跡を残すだけだと指摘して、現代のアジールの比較分析には結局手をつけなかった。アジールのある地理的辺境が、社会的辺境と重なるような事例は、彼の同時代においていくらでも偏在していたにもかかわらず、ついぞその研究対象となることはなかった。それは、推察するに、現代におけるアジールの仮説検証によって、アジールの持つ魅力や自主自立観が殺がれることに対する危惧があったのではないだろうか。

赤坂憲雄は、こうした網野のアジール論には、共同体の内なる秩序原理としての〈有主・有縁・所有〉に対して、共同体の外部を支える〈無主・無縁・無所有〉の原理が対置され、貧しく寄るべなき〈無縁〉が、逆転した、裏返された「自由」へと反転される根底には、網野の特異な歴史哲学が潜んでいるとする（赤坂、一九八七）。アジールにおける中世のこうした抑圧感のない「自由な主体」としての肯定的見方は、法外における別の見方による批判ができる。それがもう一つの見方、法外「迫害」論の立場である。

†ホモ・サケル（法外「迫害」）論とその陥穽

法外「庇護」論が、近代社会における法整備の進捗によってアジール的聖域空間はなくなったととる一方、法外「迫害」論は、近代の法整備の囲い込みとともに、アジール的聖域空間が否定的なかたちで現出したとしている。国民国家であるネーションの基礎をなしていた〈民族―領土―国家〉の旧来の三位一体から放り出された人びとは、すべて故国を持たぬ無国籍のまま放置され、国籍を持つことで保証されていた権利さえも剝奪されるようになる（アーレント、一九七二）。

このような法外状態は、正常な法秩序の世界における変則的な状態として見過ごされることになる。法の外に置かれた生として放置された場合、前者の法外庇護論が「避難所」ならば、後者の法外迫害論は「収容所」として形容され、劣悪な環境にいることがむしろ当たり前としてその状況が放置される。

そして法外迫害論の特徴は、法外世界における例外的な空間が、法の空間と区別できなくなることにある。すなわち、法的―政治的な共同体の秩序の外側にあった「剝き出しの生」の空間が、次第に政治の空間そのものと一致するようになり、排除と包含、外部と内部、法権利と事実のあいだの区別があいまいになって、不分明な地帯に入り近代における政治のきわだった特徴になる（上村、二〇一一）。

広く知られているように、生政治についてミシェル・フーコーは従来の法制度モデル型の権力を否定的に捉え、自己規律型の権力モデルを描いた。それに対して、イタリアの政治哲学者のジョルジョ・アガンベンは、生政治には法制度がねじれたかたちで介在し、権力と分かち難く結びつくことを明らかにしようとする。これが「ホモ・サケル」である。ホモ・サケルは、剝き出しの生を生きている聖なる人間でありながら、法秩序の外に置かれるために法が適用されない、いわば法が宙吊りにされた状態に置かれる存在でもある。そのとき、法による保護が適用されなくなることで、主権者側に生き死にを決められる権利が生まれる。

まとめると、法外世界においては生政治と権力（暴力）がもっとも結びつきやすく、そしてそのことが正当化されやすい空間であると言ってもよいだろう。たとえば、ホームレスや不法占拠において頻発する強制排除による暴力的な実力行使は、法外世界における主権者側の権力がもっとも顕れやすい空間である。事実、彼ら弱者の生活の生命線を奪われるという意味で、国や行政などの主権者側に生殺与奪権が握られていることは十分実感するに足るものである。また法の外に置かれた生活は、劣悪な環境という点においても収容所という形容がふさわしいとも理解できるだろう。

だが、ここでいま一度踏みとどまって考えたいことは、本当に法外における「剝き出しの生」はこのように構造的に決定されうるだろうか、という点である。あるいは生殺与奪の権利は本当に主権者側だけが握っているのだろうか。仮に法外世界の人びとの権利が構造上決まっているとすれば、そこには当事者による交渉の余地は残されていないということになるだろう。

ところが、本書の各章でさまざまな現場の状況をつぶさに見てきた私たちにとって、ホモ・サケル的法外「迫害」論は、事実の半分しか捉えきれていないことに気づかされる。つまり、法外「迫害」論は法外世界の状況的説明であって、その結果、導き出される帰結ではない。

かといって、法が現場でもって相当程度自由に運用され、情勢に応じた当事者相互の個別的交渉や戦術によって構築されたり組みなおされたりしているという、構築主義的批判の潮流に乗っかった議論をすることは、我々の意図するところではない。次の地平に反福祉論における法外性の議論を展開することを目指している。

本書は、アジールにおける法外「庇護」論とホモ・サケルにおける法外「迫害」論との隠された交差に、法外世界の豊饒な議論が展開できうるという考えに立つ。それは、法律との交渉や戦術レベルとは別に、法外世界における「剝き出しの生」にあらがう人びとによる生活実践を問題にしているからである。そして法律が生活実践によって下支えされていることを仮定すれば、法秩序の構造的支配の見方と、法の抵抗的構築の見方とを、どちらか一方ではなく、ともに重要と見て、その両者を乗り越える試みとして捉えることができる。

2 正統的周辺参加から、異端的周縁参加へ

†正統的周辺参加論とその限界

では、人びとの生活実践が法外世界における「剝き出しの生」の中でどのようなかたちで生み出され、何もない状況から財や知識が社会関係資本（ソーシャル・キャピタル）として蓄積されていくのかということに焦点を当てて見ていこう。とりわけ、剝き出しの生というある種「動物化」したところに生まれる労働や生産活動が、どのようなかたちで生活実践の社会資本化に結びついていくのかということを見ていきたい。

その際、とくに注目したい理論が「正統的周辺参加」論（レイヴ、一九九三）である。この論理が出てきた背景は、日常の仕立て作業でことさら教え込まれたり、試験を受けたり、あるいは機械的な真似ごとに終始するといったことがないにもかかわらず、徒弟がみんな技能に長《た》けた、尊敬される仕立て屋の親方になれるのはどういうわけか、という問いである。

たとえば、落語を教えてもらおうと師匠に弟子入りするが、一向に落語を読み合わせることもなく、ひたすら雑巾がけや洗濯などおよそその〝道〟とは関係ないことを弟子はしなければならない。しかし時間をおけば、本文を手習いした覚えもないのに立派な噺家になっているのはなぜかという疑問である。

正統的周辺参加論は、ジーン・レイヴらが提唱した概念で、固有の文化と価値体系として埋め込まれた場（の周辺）に正統的に新参者が「実践の文化」を学ぶやり方としての実践共同体（community of practice）の一部にどっぷり浸かることで、広く周辺的な見方から始めて、次第に共同体の実践を構成しているものが何かについての一般的な全体像を作り上げる、非制度的であるが社会的に正統化されているプロセスである。

正統的周辺参加論は、身体に先立って認知的に個人が知識やスキルを獲得するプロセスを重視するそれまでの古典的学習理論とは異なる見方を提供してくれている。つまり、学習を身体化として見るのとは対照的に、学習を実践共同体への参加の度合いの増加と見ることで、十全的な参加に至るまでの「身体性」と「構造」の複雑なからくりを、正統的周辺参加というかたちで整理したことに特徴がある。いわば、「社会的実践をこうした実践の共同体内に定位する事で、実践というものが、緩やかに変化する環境の中での、継続的な学習の過程であるという重要な帰結がここで得られる事になる。ブルデュー流に言えば、暗黙のうちに学習する能力を持つ社会的身体が、この緩やかな螺旋運動の中で、その親方に具体的に代表されている認知・判断・行為の全体的マトリックスを、その共同体に参加するという行為によって、自然と身体化していくという事なのである」（福島、一九九三。一五七〜一五八頁）。

すなわち、正統的周辺参加論によって、「知性的アイデンティティの生成と実践共同体の生成との間の関係を中心的に強調することで、持続する学習を、やり方は変っても実践共同体の構造的特徴を具体的に再生産することとして考えることが可能となる」（レイヴ、一九九三。一三三頁）のである。この実践共同体における「構造的特徴の再生産の仕組み」をもっとも適合的に説明する概念が、正統的周辺参加論である。

ただし、この概念は諸刃の剣である。社会的秩序の再生産のための仕組みとして「正統的周辺参加」を捉えようとするため、「構造的特徴の再生産」という仕組みの守備範囲でしか説明できない。その範囲を超えて、たとえば構造的特徴それ自体の変革的な側面、あるいは構造的特徴の拡大再生産という側面には適用されにくいという、やや後付け論的なところが多分にある。じつは学習論を超えようとしながら「学習」の範囲内に収まってしまうという限界を抱えている。

たしかに、差別的な構造における職業（実践共同体）をいかに当事者がその共同体の正統的な周辺参加によって選び取っていくのかという過程を、魅力的に説明することができる。他方、構造的特徴の再生産を超えていく変革的場面までをその射程に収めることができるのならば、正統的周辺参加論は、より面白い議論として展開できるのではないか。人びとの剝奪的状況を決める無の構造から「有」を生み出していく反転的事象を、日常実践から明らかにしていくためには、正統的周辺参加の概念自体をやや変形するかたちで実践共同体を明らかにする作業が必要となる。

†異端的周縁参加による外部ネットワーク効果

正統的に周辺参加する螺旋的巻き込み過程の中で、獲得されていくもっとも特徴的な実践共同体への参加者の動機づけは、「ああいう人たち（十全的実践者）になる」というアイデンティティである（レイヴ、前掲書）。それに対して制度から逸脱している人びとが獲得していく労働活動への特徴的な動機は、「人と同じ事をしていてはいけない」という〝反目〟のアイデンティティである。

現在の実践共同体における職業的再生産は彼らのあいだでは許されないというのが実情である。それは旧来の実践共同体にどっぷり浸かっている親の代を見て子供ながらに周辺にいて十二分に分かっているのである。すなわち、生活困窮者が従来持つ実践共同体への「正統的」な周辺参加という螺旋構造に巻き込まれることは、向心的参加の到達点が貧困に停滞することを体得的にみなが了解するところとなっている。実践共同体そのものを正統的なやり方ではないかたちで、それぞれが組み替えていくことになる。

社会学者のR・K・マートン流に言えば、目標と手段が文化的に制度化されている「同調（conformity）」類型とは異なって、外部から見て多少許されざる手段であっても目標に向かっていく「革新（innovation）」類型に近い向心的活動と言えよう。したがって、ある種の逸脱状況が制度的には許されていない状態であったとしても、実践共同体の中でその逸脱状況がむしろ自己革新の型として称揚されているのである。ここでは、それを、正統的周辺参加に比して、「異端的周縁参加」と名付けておきたい。

周辺性が、実践共同体への十全的な参加へ向けたポジショニングを得ることで、その人の学習の一部として共同体に独自のかたちで組み込まれたものであるのに対し、周縁性は、共同体への包摂的な参加に向かわないで、社会的排除の基盤に歴史的に自らを構築していくことのない成員とは全く異なったかたちで参加を進めていくことになる（Hodges, 1998）。このような実践共同体への周辺的で正統な参加に伴って現れる、切断された自己の位置づけを、積極的な意味を込められていた周辺性と区別してダイアン・ホッジスが「周縁性」（Hodges, 1998）と呼んでいることを、ここではヒントにしている。ただし、ホッジスが捉えた周縁性は、どこまでも優位な社会的秩序から疎外された者の場所として捉えており、公的領域内外の（再）接続の可能性は積み残されていると言える（高木、二〇〇三）。

周縁性での知識の習得は、やはり古典的学習理論で言われているような身体に先立って認知的に個人が知識やスキルを獲得するプロセスとは異なる。自らが商売などをしていく上で、ネットワークを作り、その実践の中でアンテナを常に世界の動向やそれに関する法律を習得していく身体的な知識の習熟過程である。

異端的周縁参加は、法外「庇護」論でも、また法外「迫害」論でも、しっくりいかない現象をすくいとる。また、正統的に周辺の参加による内向きに志向していくことで構造が再構造化される「正統的周辺参加」の仕組みとも異なる。「異端的周縁参加」の特徴は、職業的にも社会的秩序から疎外された構造の中でこそ、その実践が外部に向けてのネットワークとして志向されて社会関係資本（ソーシャル・キャピタル）化されていく点にある。

しばしば「閉じられていながら開かれている」という表現がなされるが、こうした表現はここでは適切でない。むしろ、閉じられている周縁に位置取るからこそ、共同体の実践に即して、より外部の世界に開かれ再接続されているのである。反福祉論は、福祉の制度の外側に弾き飛ばされながらもその権力から遠い位置から人びとの孤立と反目を経験し、発せられる思想である。資本主義によって排除された人びとによる共同実践は、周縁に社会的資本を形成し、財を投下し、グローバルな資本主義の世界システムを招き入れて生成させている側面を持つ。

†社会的剝奪が生み出す安全保障の資源

何もない社会的剝奪を生み出している条件こそが、何かを生み出す社会的資源そのものになっていることを、私たちは本書の事例で目の当たりにできた。不法占拠地区(第1章)では、日常実践による社会関係資本が実定法をも逆に規定し、物質的基盤(上水道や道路舗装など)をも生み出していた。そして最終的に構造転換(制度による移転補償と代替地の提供)を自分たちのところに招き入れているのである。このような蓄積過程は、いわばカルチュラル・スタディーズが捉えるようなその場限りの「戦略」や「戦術」とは水準を異にすると言えよう。日常実践の循環的な集積過程は、システムの有無にかかわらず、また人びとの意図とは別に、構造転換(制度による移転補償)に結びつける原動力(パワー)となっている。

すべての生活困窮者のための拠り所(第2章)では、対象者別・領域別に分別され効率化を希求される制度の矛盾を横目に、ケアが先立つのではなく、ニーズに即してケアがなされていた。もちろん経営的には制度の支援の中で運営を行うほうが安定する。しかし、現場ではさまざまな生活困窮者が生まれているわけで、その最前線に立つ拠り所では制度に則らないかたちで運営されている。小規模に運用することで多様性と柔軟性を伴った幅をもった自由なケアが確保されていることに気づかされる。

災害被災における生活弱者（第3章）では、国家が生活保障に二の足を踏む中、それらに代わる生活保障として機能を果たしている。海という共有地（コモンズ）が、経済的な生活弱者を吸収し、逆に社会価値によって経済的強者を緩やかにそこから排除することによって、経済格差における社会不安定化のリスクを避ける機能を備えていた。

非常時における生活手段の豊富化は、それまでの日常の秩序を一時的に壊すような「創造的破壊」を含んでいる。全均等割り制も、一家総取り制という漁業慣習を一時的に緩めて、危機に対応した生活を従来にはないかたちで確保する手段である。

それは、外から押し付けられるだけのショック・ドクトリンに抗したり、在地リスクを回避したりにとどまらず、内側からのショック・ドクトリンとしての改革なのである。この内なるショック・ドクトリンの活発化が結果として新自由主義の台頭という外からのショックを未然に防いでいることが明らかとなった。外からやってくる一方的な利益誘導のシステムに単に依拠することなく、身の丈にあった問題の解決は、大災害という外部の自然条件を、文化的社会的要件という内部システムに取り込み転向させて、創造的破壊を生み出すことでクリアされた。

ドヤ街のスピリチュアル・ケア（第4章）では、ドヤ街という生き死にに関わるホームレス現場の最前線を、単なる労働提供だけを行うような場所としては捉えていない。もちろん就労支援は喫緊の課題であり、それに即応した制度に関する情報提供や経済的な基盤づくりといった対応をキリスト教会で行っていた。しかし、それだけにとどまらず、制度で扱わないような魂のケアを通して、労働疎外が人間の生きている意味まで喪失しないような実践を含んでいることが大きな特徴である。それは人が、さまざまな人生のつまずきの中で立ち直るきっかけを心の中に再建する役割を担っている。

おわりに――制度から実践へ

本書では福祉の大前提となる「制度内準拠と拡充」の根拠をあえて括弧に括り、禁欲することを通じてそれとは異なる解答をあぶりだしてきた。すなわち、あえて福祉制度の外側に漏れ出る人びとすべてにまで福祉の議論は拡張できうるという「社会学的根拠」を措定することで、〈福祉制度〉と〈福祉制度の裏側〉とが常に相互転換され、制度に再接続される可能性を展開してきた。

日常的実践の創造性と歴史的な経済の蓄積性と発展性を統合しながら、構造転換が図られるのかどうかを見てきたわけである。すなわち、日常実践で生まれたソーシャル・キャピタルという社会的基盤が、法律的根拠や経済的基盤をも拘束し、規定し、創造していく循環プロセスに巻き込んでいくものであった。言い方を換えれば、ルールの読み換えを単にしただけではなく、ルールの読み替えの循環的集積過程によってルールそのものが彼らの「生きられた法」を根拠にして書き写され、制度が自分たちのものになっていく過程を示していることにもなるだろう。

ここには福祉の法律的制度にはない「真実」がリアルに実践され実働しているのである。すなわち、生きることが法となっていく、また法が生き方として実践されることが切っても切り離されない、相即不離な関係性として立ち現れる。

彼女ら彼らの生きられた法とは、法によって排除され否定された上での生き方としての実践の方法そのものなのである。言い方を換えれば、外圧をかけられながら内発して生成される、何重にも複層化されたアイデンティティの表象でもある。このことは、慣習法や慣習的行為がそのまま生きられた法として正当化されるという単純な議論ではない。「生きられた法」には、常に人びとの現実的な選択肢の幅が極めて限られた際《きわ》に形成されうる、自己準拠的な規範（私たちのきまり）が含まれている。国家法による一元的な支配とは異なり、国民、環境および土地から何重にも締め出されながら、自らの規範に従って実践し生成されていく相対的に自律化した独自の社会的制度体（秩序）が「生きられた」法、すなわち法外生成（反福祉）論である。

法外生成論は、法社会学的な法構築論とも異なる。法構築論は、法というものがその成員によって交渉されたり、修正されたりすることで、法一元統治主義に対して展開されたパラダイム（考え方）である。

それに対して、法外生成論は、「結果」として法を裏切っている。なぜなら、実践共同体において獲得された理屈や知識という日常実践にあくまで即して作り上げられてきた社会的秩序が、実定法そのものを裏切って再生成させているのであって、法を裏切ることを目的として日常実践が成り立っているということではないからである。閉じられている周縁性に位置取るからこそ、より外部の世界に開かれているのである。それが異端的周縁参加である。資本主義によって周縁に排除された人びとによる共同実践の参加によって、グローバルな資本主義の世界システムは生成されているのである。

「生きられた法」は、法律としてのルールではなく、世界の使い方の実践である。常に生活の知恵の中で生き方の方法が身体として発露して持続できる結果、行為の累積性まで自己循環的実践が結集していくのである。これは、法構築論の「抵抗」のあり方とは一線を画す。

「剝き出しの生」を制度に代わって埋め合わせる「生きられた法」は、たしかに法制度には存在しない。しかし法制度に存在しないということが、法制度と適合しないということと同じではない。マジョリティから排除され、法の例外状態に放り出されて「剝き出しの生」を背負わざるをえなかった人びとの「生きられた法」を通じて、「国民国家」をめぐってこれまで語られることもなかった生活実践、生活環境、コミュニティを、国民国家における法制度に結びつけるつながり（ミッシング・リンク）が浮かび上がるのである。

あとがき

金菱は、必ずしも福祉のいわゆるプロパーではない。ただ、長年にわたり地域社会を対象に人びとへの聞き取りをしてきた。とりわけ地域の歴史的な経緯を学ぶために、最古参の古老にお話を聞いたり、高齢の女性の声に耳を傾けたりして、どのような生活をこれまで送ってきたのか、遠い過去を聞く作業をしてきた。

もちろん現在の個人の生活領域についてもその対象となり、福祉の周辺領域のことについて当事者から知らず知らずのうちに括弧つきの「福祉」の情報が入ってくる。当事者がどのように人とつきあって生きてきたのかということからすれば、教科書に書いてある福祉は、地域の現場から見たときかなりの温度差があることを感じていた。

一方、大澤は、二〇一一年四月から仙台の大学（東北学院大学）に赴任するために、その前月初めに名古屋から仙台に引っ越しをした。そして、その二日後に東日本大震災に遭遇する。いま思い出しただけでも胸が苦しくなり、涙が出てくる。それほど、大澤にとって、いや、経験したすべての人たちにとっても辛い、苦しい出来事だったと思う。

大澤自身もめちゃくちゃになったマンションで食べるものもなく、知り合いも誰一人いないところで数日間を過ごすことになった。東日本大震災で私自身が学んだ一つは、自分の身は自分で守らなくてはならないということであった。名古屋から二日前に仙台に来た者にとって、誰も知り合いがなく、どこに何があるのかも分からないところで過ごすのは耐え難かった。

避難所に行っても市役所の人に「もう一杯だから、住むところがあればそこにいてください」と言われ、身分証明書の代わりとなる免許証の住所変更のため警察署に行くと、「いまはそれどころではないので、帰ってください」と言われてしまった。とにかく孤独感というものをいやというほど感じた。何も、国や県や市が悪いということではない。たぶん、何カ月か、あるいは、何年か仙台にいたらこんなことはなかったのだが、たった二日では自分では何も対応することができなかったのである。自分の無力さというものもいやというほど感じたのである。

このようにして見ると、制度の福祉の境界があれば、その境界線の外にいたのが金菱で、その内側の際にいたのが大澤ということになる。我々は何度か食事に行ったり飲みに行ったりするうちに、必然と福祉の話で盛り上がった。お互い意見を交わすうちに、制度に取り囲まれている矛盾と、それとは異なるところで機能している生活の「安全保障」が焦点となり、自然と意気投合した。じつは出版社から話をもらう前に、かたちができあがったらちくま新書から出せたらいいなあということを我々は申し合わせていた。

そこへ首都大学東京の山下祐介さんからお声をかけてもらい、筑摩書房の松田健さんに編集を担当していただいた。筋書きのポイントはおおよそ決まっていたが、執筆の前段階で話が進み、今回出版する運びとなった。松田さんは原稿を求めており、私たちは原稿で世に問いたいと思っていた。両者の願いが早期に現実となったかたちである。佐藤航太君と赤井志帆さん、春名苗先生には本書を作成するに当たって適確なコメントをいただきました。私たちの試みに乗ってくださり、山下さんと松田さんにも心よりお礼を申し上げたい。

二〇一四年六月

金菱 清・大澤史伸

参考文献

はじめに

大熊由紀子『「寝たきり老人」のいる国いない国——真の豊かさへの挑戦』ぶどう社、一九九〇年

I

プロローグ

宮本常一『忘れられた日本人』岩波文庫、一九八四年

第1章

Bullard, R. 1990, *Dumping in Dixie : Race, Class, and Environmental Quality*. Boulder: Westview.

Cable, S. and Shriver, T. 1995, "Production and extrapolation of meaning in the Environmental Justice movement". *Sociological Spectrum* 15(4): pp.419-442.

フレイザー、ナンシー（仲正昌樹監訳）『中断された正義——「ポスト社会主義的」条件をめぐる批判的省察』御茶の水書房、二〇〇三年

原口弥生『環境正義をめぐる政治過程と地域社会——アメリカ南部を事例として』東京都立大学博士論文、二〇〇三年

岩本由輝『村と土地の社会史——若干の事例による通時的考察』刀水書房、一九八九年

嘉田由紀子「生活実践からつむぎ出される重層的所有観――余呉湖周辺の共有資源の利用と所有」『環境社会学研究（3）』一九九七年、七二〜八五頁
姜在彦「『在日』百年の歴史」『環』一一号、二〇〇二年、一五二〜一六四頁
姜尚中『在日』講談社、二〇〇四年
金菱清『生きられた法の社会学――伊丹空港「不法占拠」はなぜ補償されたのか』新曜社、二〇〇八年
金泰泳『アイデンティティ・ポリティクスを超えて――在日朝鮮人のエスニシティ』世界思想社、一九九九年
中村吉治「耕す人の土地」『社会史論考』刀水書房、一九四七年
セネット、リチャード（今田高俊訳）『無秩序の活用――都市コミュニティの理論』中央公論社、一九七五年
徐京植『半難民の位置から――戦後責任論争と在日朝鮮人』影書房、二〇〇二年

第2章

岩下清子・佐藤義夫・島田千穂『「小規模多機能」の意味論――すでにあった、もうひとつの福祉システム』雲母書房、二〇〇六年
平野隆之・高橋誠一・奥田佑子『小規模多機能ケア実践の理論と方法』筒井書房、二〇〇七年
春名苗「第10章　宅老所・小規模多機能ホームの実践における内発的発展とその課題」武田丈・横須賀俊司・小笠原慶彰・松岡克尚編著『社会福祉と内発的発展――高田眞治の思想から学ぶ』関西学院大学出版会、二〇〇八年
豊田謙二・黒木邦弘『「宅老所よりあい」解体新書』雲母書房、二〇〇九年
宅老所・グループホーム全国ネットワーク・小規模多機能ホーム研究会・地域共生ケア研究会編『宅老所・小規模多機能ケア白書二〇一〇――宅老所・小規模多機能ケアのすべてがわかる』全国コミュニティライフサポートセンター（CLC）、筒井書房、二〇一〇年
土本亜理子『認知症やひとり暮らしを支える在宅ケア「小規模多機能」』岩波書店、二〇一〇年

第3章
網野善彦『増補　無縁・公界・楽――日本中世の自由と平和』平凡社ライブラリー、一九九六年
古川彰「村の災害と無事――「貧民漁業制」という仕掛け」『村の生活環境史』世界思想社、二〇〇四年
クライン、ナオミ（幾島幸子／村上由見子訳）『ショック・ドクトリン――惨事便乗型資本主義の正体を暴く（上・下）』岩波書店、二〇一一年
金菱清『震災メメントモリ――第二の津波に抗して』新曜社、二〇一四年
金菱清編『千年災禍の海辺学――なぜそれでも人は海で暮らすのか』生活書院、二〇一三年
鳥越皓之「コモンズの利用権を享受する者」『環境社会学研究（3）』一九九七年
浦野正樹「脆弱性概念から復元・回復力概念へ――災害社会学における展開」浦野正樹・大屋根淳・吉川忠寛編『復興コミュニティ論入門』弘文堂、二〇〇七年

第4章
新井登美子『現代牧師列伝』教文館、二〇〇六年
佐藤敏『失業者に愛を込めて……人生何とかなります――寿町から』クリスチャン新聞
『平成二五年度寿福祉プラザ相談室――業務の概要』横浜市健康福祉局生活福祉部保護課寿地区担当、二〇一三年
『平成二五年度統計年報』横浜市健康福祉局保護課寿地区対策担当、二〇一四年

Ⅱ
第5章
『聖書　新共同訳』日本聖書協会、一九八七年

荒井献『イエスとその時代』岩波新書、一九七四年、二五・七五頁
荒井献『問いかけるイエス――福音書をどう読み解くか』NHK出版、一九九四年、二九〇頁
上村静『旧約聖書と新約聖書――「聖書」とはなにか』新教出版社、二〇一一年、二〇四頁
田川建三『イエスという男――逆説的反抗者の生と死』三一書房、一九八〇年、一一四～一一五・二六〇～二六一頁
ダニエル＝ロプス、H（波木居斉二／波木居純一訳）『イエス時代の日常生活Ⅰ』山本書店、一九六四年、二〇六頁
ダニエル＝ロプス、H（波木居斉二／波木居純一訳）『イエス時代の日常生活Ⅱ』山本書店、一九六四年、八七・九八・一〇七頁
大貫隆『イエスという経験』岩波書店、二〇〇三年、一四八頁
スヒレベーク、E（ヴィセンテ・アリバス／塩谷惇子訳）『イエス――一人の生ける者の物語』第一巻、新世社、二〇〇三年、二五二頁
左近義慈／南部泰孝『聖書時代の生活Ⅰ――古代イスラエルの風土と生活の基本構造』創元社、一九八〇年
バークレー、ウィリアム（大島良雄訳）『マルコによる福音書』ヨルダン社、一九六八年、一七二～一七五頁
バークレー、ウィリアム（柳生望訳）『ルカによる福音書』ヨルダン社、一九七〇年、一八三～一八四頁
新教出版社編『聖書辞典』新教出版社、一九六八年、三七頁
滝澤武人『イエスの現場――苦しみの共有』世界思想社、二〇〇六年、二二七頁
パット＆デイビッド・アレグザンダー編『カラー新聖書ガイドブック』いのちのことば社、二〇一〇年、五六七頁

第6章

岩田正美・武川正吾・永岡正己・平岡公一編『社会福祉の原理と思想』有斐閣、二〇〇三年、一六六頁
右田紀久恵・高澤武司・古川孝順編『社会福祉の歴史』有斐閣、一九七七年、四一五頁、四二〇～四二一頁
宇山勝儀『新しい社会福祉の法と行政』第四版、光生館、二〇〇六年、八一～八八頁

佐藤進・児島美都子編『私たちの社会福祉法』法律文化社、二〇〇一年、二〇～二二頁
中里憲保『壊れた福祉』講談社、二〇〇八年、一五一～一五二頁
坂田周一『社会福祉政策』有斐閣、二〇〇〇年、一八八頁
山田美津子・稲葉光彦編『社会福祉を学ぶ』みらい、二〇一〇年、六九頁
河合克義編著『福祉論研究の地平――論点と再構築』法律文化社、二〇一二年、一八頁
野本三吉『社会福祉事業の歴史』明石書店、一九九八年、七二～七四頁
石居正己・熊澤義宣監修、江藤直純・市川一宏編『社会福祉と聖書――福祉の心を生きる』リトン、一九九八年、一六四頁

第7章

グレアム、ボブ（こだまともこ訳）『わたしたちのてんごくバス』さ・え・ら書房、二〇一三年
延藤安弘『まち再生の術語集』岩波新書、二〇一三年
坂口恭平『隅田川のエジソン』幻冬舎文庫、二〇一二年
網野善彦『増補　無縁・公界・楽――日本中世の自由と平和』平凡社ライブラリー、一九九六年
阿部謹也「アジールの思想」『世界』三八七号、一九七八年、三六～三九頁
赤坂憲雄「無縁という〈背理の時間〉」『文藝』二六号、一九八七年、三頁
アーレント、ハンナ（大島通義／大島かおり訳）『全体主義の起原2』みすず書房、一九七二年
レイヴ、ジーン／ウェンガー、エティエンヌ（佐伯胖訳）『状況に埋め込まれた学習――正統的周辺参加』産業図書、一九九三年
福島真人「解説――認知という実践」レイヴ、ジーン／ウェンガー、エティエンヌ『状況に埋め込まれた学習――正統的周辺参加』産業図書、一九九三年

Hodges, Diane Celia, 1998, "Participation as disidentification with/in a community of practice", *Mind, Culture, and Activity*, 5(4), New Jersey : Lawrence Erlbaum, pp.272-290.
アガンベン、ジョルジョ（高桑和巳訳）『人権の彼方に――政治哲学ノート』以文社、二〇〇〇年
アガンベン、ジョルジョ（上村忠男／廣石正和訳）『アウシュビッツの残りのもの――アルシーヴと証人』月曜社、二〇〇一年、二三八～二三九頁
アガンベン、ジョルジョ（高桑和巳訳）『ホモ・サケル――主権権力と剝き出しの生』以文社、二〇〇三年
金菱清『生きられた法の社会学――伊丹空港「不法占拠」はなぜ補償されたのか』新曜社、二〇〇八年
Sennett, R., 1970, *The Uses of Disorder : Personal Identity and City Life*, New York: Alfred A. Knopf, Inc.（今田高俊訳『無秩序の活用――都市コミュニティの理論』中央公論社、一九七五年）
Szasz, A., 1994, *Ecopopulism: Toxic Waste and the Movement for Environmental Justice*,University of Minnesota Press.
高木光太郎「『学習』としての地域ネットワーキング」『異文化間教育』一八号、二〇〇三年、六〇～六七頁

初出一覧

以下の三つの章は、既発表文献をもとに反福祉論として大幅に改稿した。

第1章――「第6章　剝き出しの生にあらがう人びと」（金菱清『生きられた法の社会学――伊丹空港「不法占拠」はなぜ補償されたのか』新曜社、二〇〇八年）

第3章――「第3章　内なるショックドクトリン」「第4章　千年災禍のコントロール」（金菱清『震災メメントモリ――第二の津波に抗して』新曜社、二〇一四年）

第7章――「第7章　生きられた法」（金菱清『生きられた法の社会学――伊丹空港「不法占拠」はなぜ補償されたのか』新曜社、二〇〇八年）

ちくま新書
1090

反福祉《はんふくし》論《ろん》
——新時《しんじ》代《だい》のセーフティーネットを求《もと》めて

二〇一四年九月一〇日　第一刷発行

著　者　金菱 清（かねびし・きよし）
　　　　大澤史伸（おおさわ・しのぶ）

発行者　熊沢敏之
発行所　株式会社 筑摩書房
東京都台東区蔵前二-五-三　郵便番号一一一-八七五五
振替〇〇一六〇-八-四一二三
装幀者　間村俊一
印刷・製本　三松堂印刷 株式会社

乱丁・落丁本の場合は、左記宛にご送付下さい。送料小社負担でお取り替えいたします。
ご注文・お問い合わせも左記へお願いいたします。
筑摩書房サービスセンター　電話〇四八-六五一-〇〇五三
〒三三一-八五〇七　さいたま市北区櫛引町二-六〇四

ISBN978-4-480-06797-5 C0236

ちくま新書

1020 **生活保護** ――知られざる恐怖の現場　今野晴貴

高まる生活保護バッシング。その現場では、いったい何が起きているのか。自殺、餓死、孤立死……。追いつめられ、命までも奪われる「恐怖の現場」の真相に迫る。

659 **現代の貧困** ――ワーキングプア／ホームレス／生活保護　岩田正美

貧困は人々の人格も、家族も、希望も、やすやすと打ち砕く。この国で今、そうした貧困に苦しむのは「不利な人々」ばかりだ。なぜ？　処方箋は？　をトータルに描く。

673 **ルポ 最底辺** ――不安定就労と野宿　生田武志

野宿者はなぜ増えるのか？　フリーターが「若者」ではなくなった時どうなるのか？　野宿と若者の問題を同じ位相で捉え、社会の暗部で人々が直面する現実を報告する。

883 **ルポ 若者ホームレス**　飯島裕子　ビッグイシュー基金

近年、貧困が若者を襲い、20～30代のホームレスが激増している。彼らはなぜ路上暮らしへ追い込まれたのか。貧困が再生産される社会構造をあぶりだすルポ。

937 **階級都市** ――格差が街を侵食する　橋本健二

街には格差があふれている。古くは「山の手」「下町」と身分によって分断されていたが、現在もその構図は変わっていない。宿命づけられた階級都市のリアルに迫る。

941 **限界集落の真実** ――過疎の村は消えるか？　山下祐介

「限界集落はどこも消滅寸前」は嘘である。危機を煽り立てるだけの報道や、カネによる解決に終始する政府の過疎対策の誤りを正し、真の地域再生とは何かを考える。

995 **東北発の震災論** ――周辺から広域システムを考える　山下祐介

中心のために周辺がリスクを負う「広域システム」。その巨大で複雑な機構が原発問題や震災復興を困難に追い込んでいる現状を、気鋭の社会学者が現地から報告する。

ちくま新書

1000 生権力の思想
――事件から読み解く現代社会の転換
大澤真幸
我々の生を取り巻く不可視の権力のメカニズムとはいかなるものか。ユダヤ人虐殺やオウム、宮崎勤の犯罪など象徴的事象から、現代における知の転換を読み解く。

1039 社会契約論
――ホッブズ、ヒューム、ルソー、ロールズ
重田園江
この社会の起源には何があったのか。ホッブズ、ヒューム、ルソー、ロールズの議論を精密かつ大胆に読みなおし、近代の中心的思想を今に蘇らせる清冽な入門書！

132 ケアを問いなおす
――〈深層の時間〉と高齢化社会
広井良典
高齢化社会において、老いの時間を積極的に意味づけてゆくケアの視点とは？ 医療経済学、医療保険制度、政策論、科学哲学の観点からケアのあり方を問いなおす。

261 カルチュラル・スタディーズ入門
上野俊哉
毛利嘉孝
サブカルチャー、メディア、ジェンダー、エスニシティ、ポストコロニアリズムなどの研究を通してカルチュラル・スタディーズが目指すものは何か。実践的入門書。

432 「不自由」論
――「何でも自己決定」の限界
仲正昌樹
「人間は自由だ」という考えが暴走したとき、ナチズムやマイノリティ問題が生まれる――。逆説に満ちたこの問題を解きほぐし、21世紀のあるべき倫理を探究する。

469 公共哲学とは何か
山脇直司
滅私奉公の世に逆戻りすることなく私たちの社会に公共性を取り戻すことは可能か？ 個人を活かしながら公共性を開花させる道筋を根源から問う知の実践への招待。

474 アナーキズム
――名著でたどる日本思想入門
浅羽通明
大杉栄、竹中労から松本零士、笠井潔まで十冊の名著をたどりながら、日本のアナーキズムの潮流を俯瞰する。常に若者を魅了したこの思想の現在的意味を考える。

ちくま新書

855 **年金は本当にもらえるのか？** 鈴木亘

本当に年金は破綻しないのか？ 政治家や官僚は難解な用語や粉飾決算によって国民を騙し、その真実を教えてはくれない。様々な年金の疑問に一問一答で解説する。

897 **ルポ 餓死現場で生きる** 石井光太

飢餓で苦しむ10億人。実際、彼らはどのように暮し、生き延びているのだろうか？ 売春、児童結婚、ＨＩＶ、子供兵など、美談では語られない真相に迫る。

914 **創造的福祉社会** ——「成長」後の社会構想と人間・地域・価値 広井良典

経済成長を追求する時代は終焉を迎えた。「平等と持続可能性と効率性」の関係はどう再定義されるべきか。日本再生の社会像を、理念と政策とを結びつけ構想する。

923 **原発と権力** ——戦後から辿る支配者の系譜 山岡淳一郎

戦後日本の権力者を語る際、欠かすことができない原子力。なぜ、彼らはそれに夢を託し、推進していったのか。忘れ去られていた歴史の暗部を解き明かす一冊。

939 **タブーの正体！** ——マスコミが「あのこと」に触れない理由 川端幹人

電力会社から人気タレント、皇室タブーまで、マスコミ各社が過剰な自己規制に走ってしまうのはなぜか？『噂の眞相』元副編集長がそのメカニズムに鋭く迫る！

947 **若者が無縁化する** ——仕事・福祉・コミュニティでつなぐ 宮本みち子

高校中退者、若者ホームレス、低学歴ニート、世の中から切り捨てられ、孤立する若者たち。彼らを社会につなぎとめるために、現状を分析し、解決策を探る一冊。

955 **ルポ 賃金差別** 竹信三恵子

パート、嘱託、派遣、契約、正規……。同じ仕事内容でも、賃金に差が生じるのはなぜか？ 非正規雇用という現代の「身分制」をえぐる、衝撃のノンフィクション！